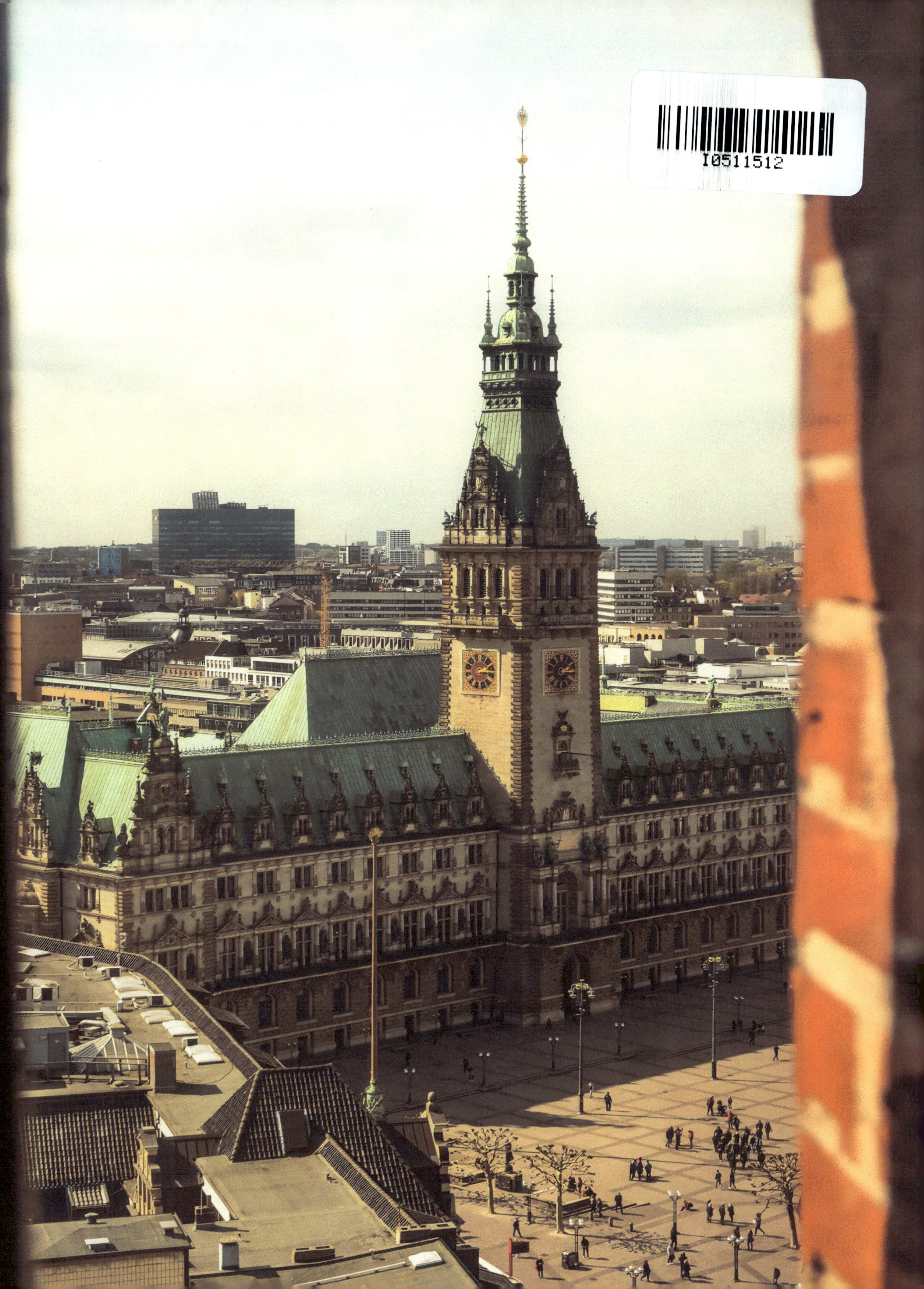

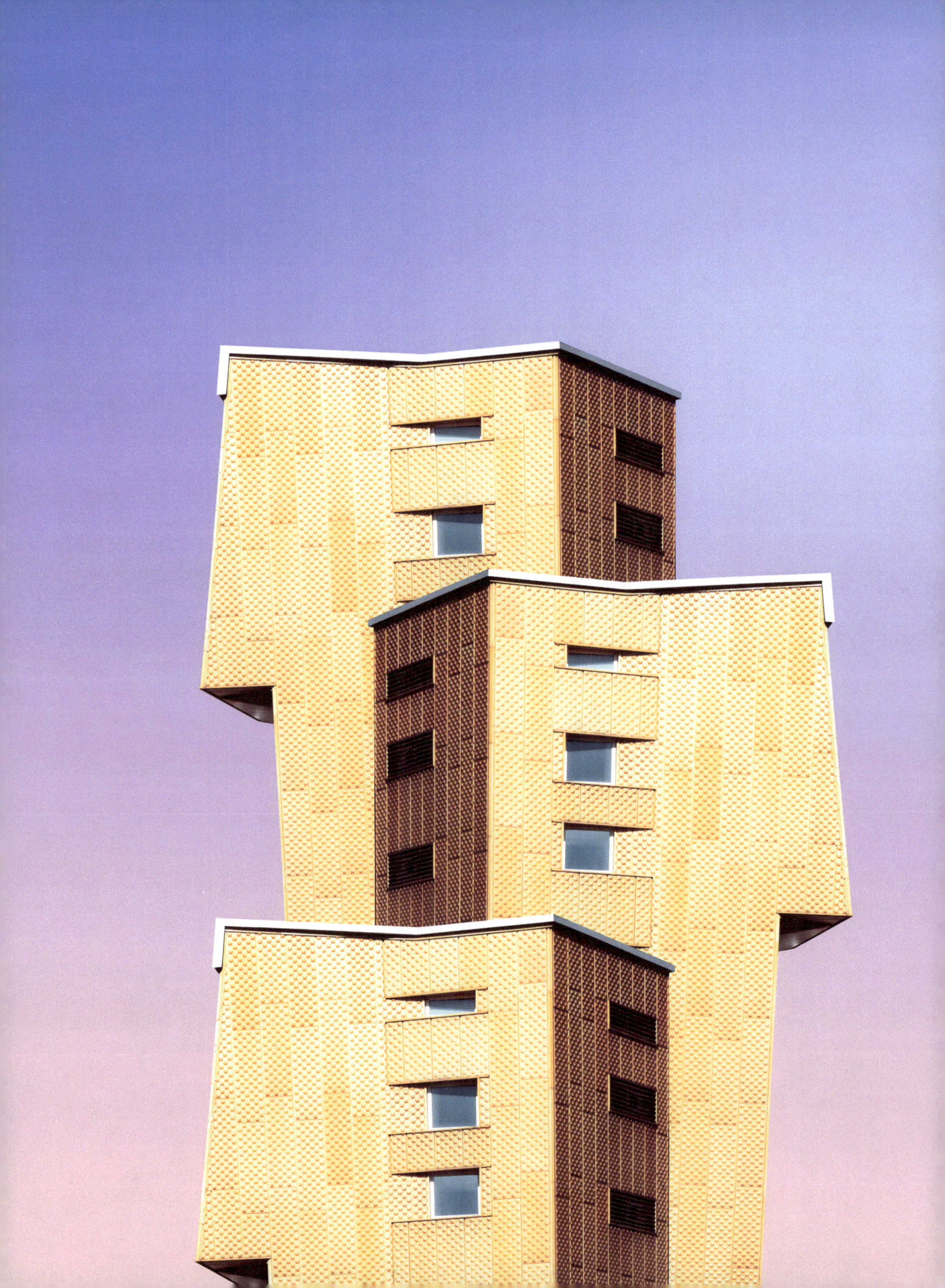

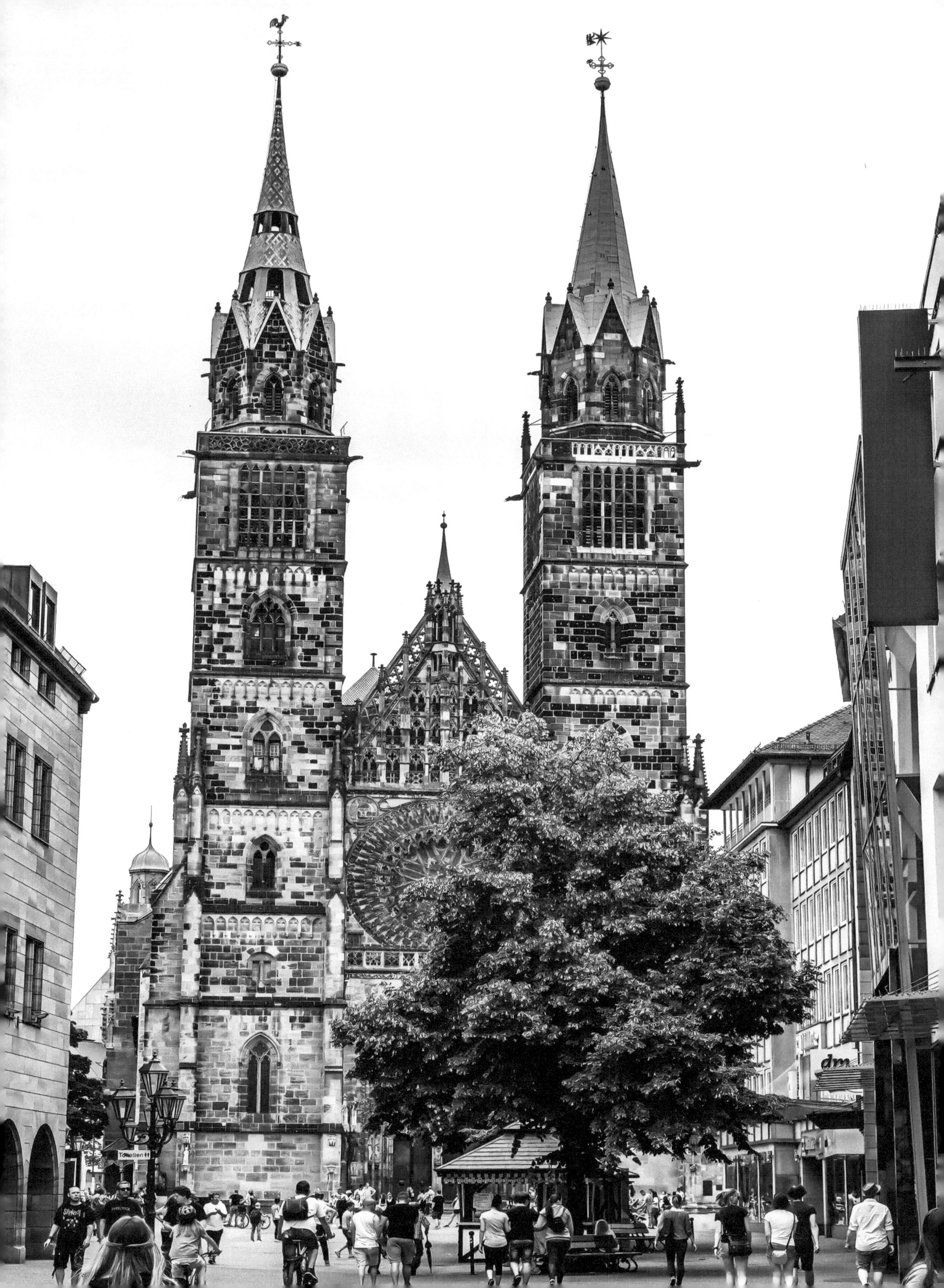
Toiletten
dm

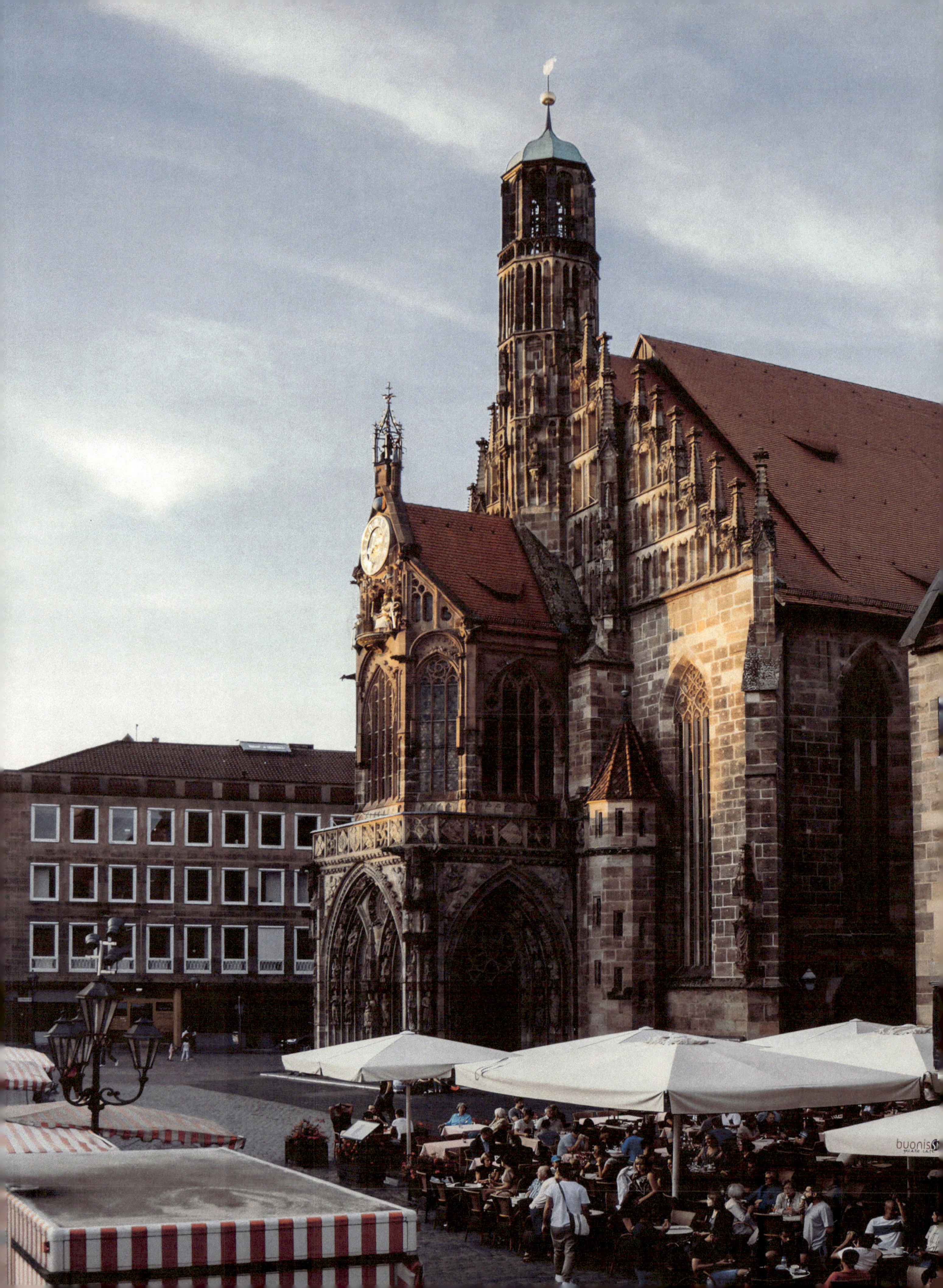

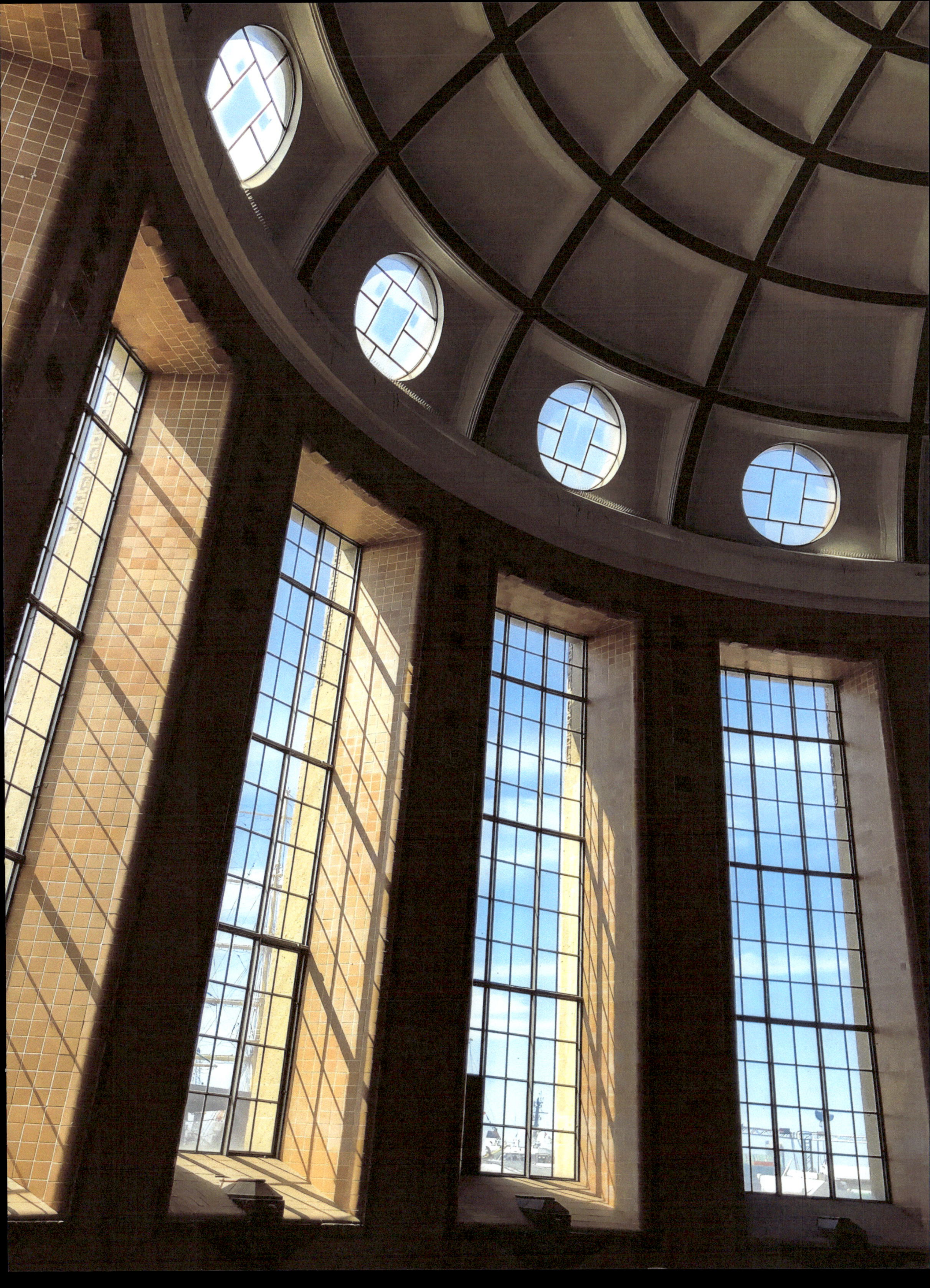

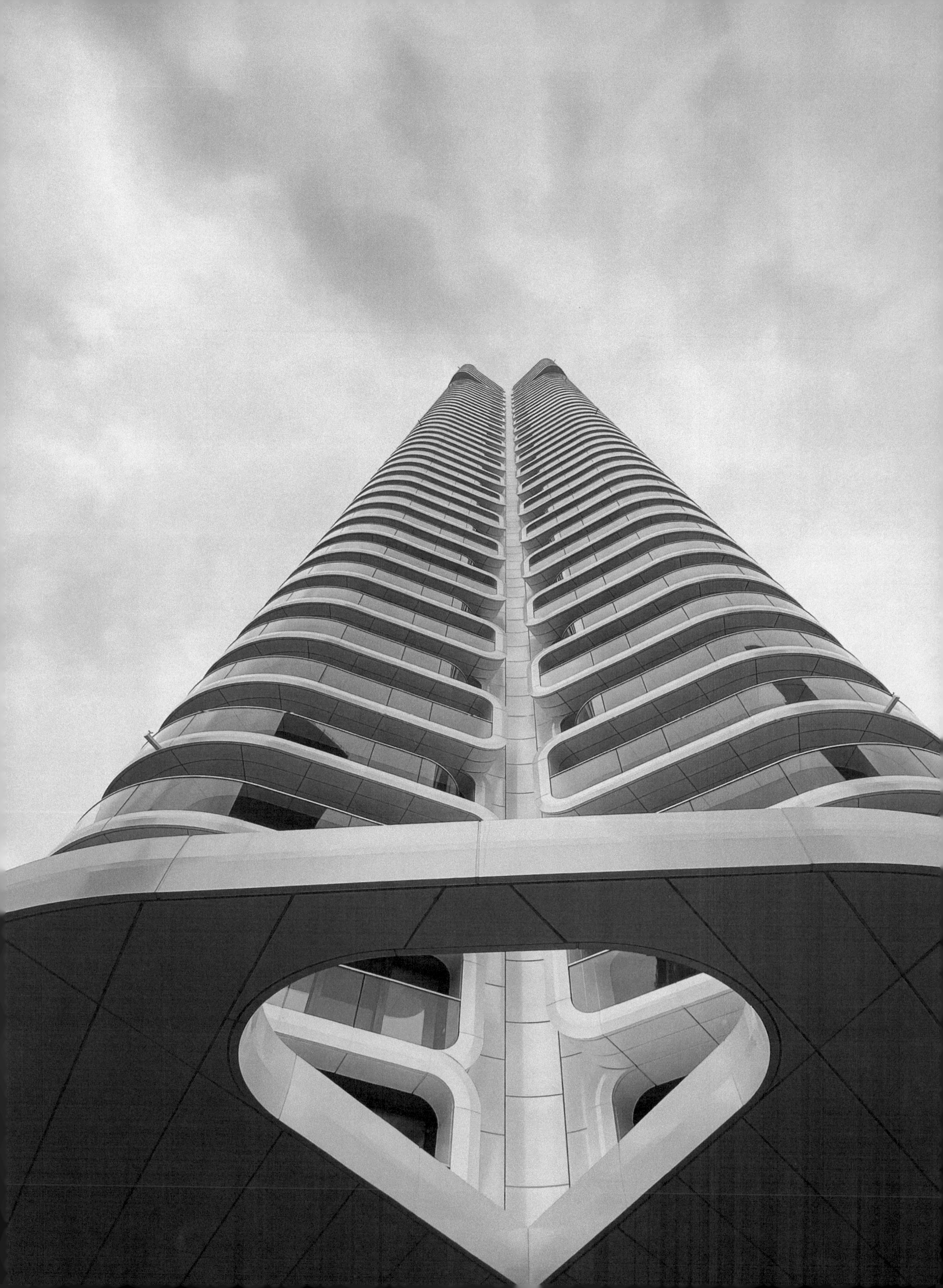

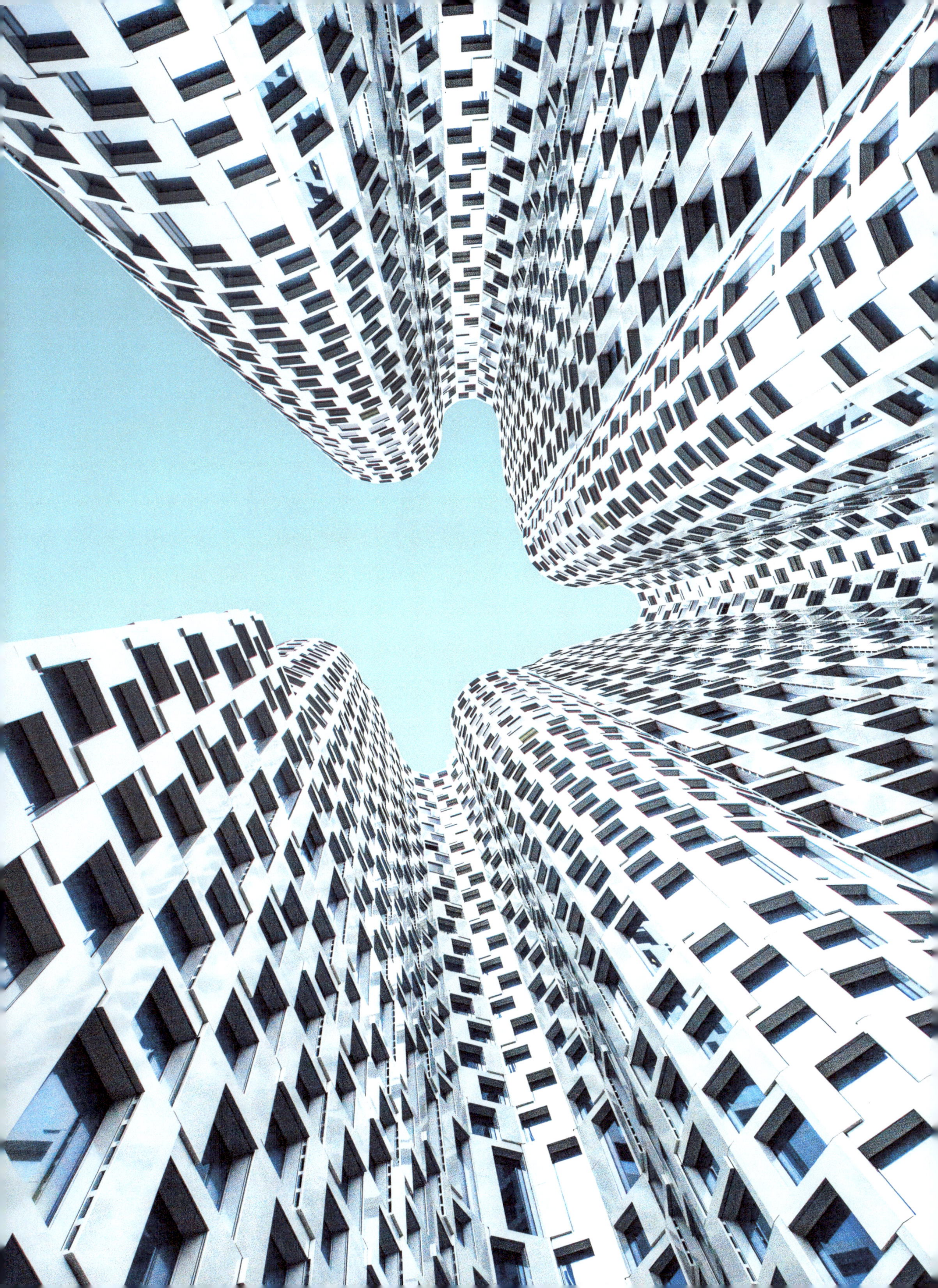

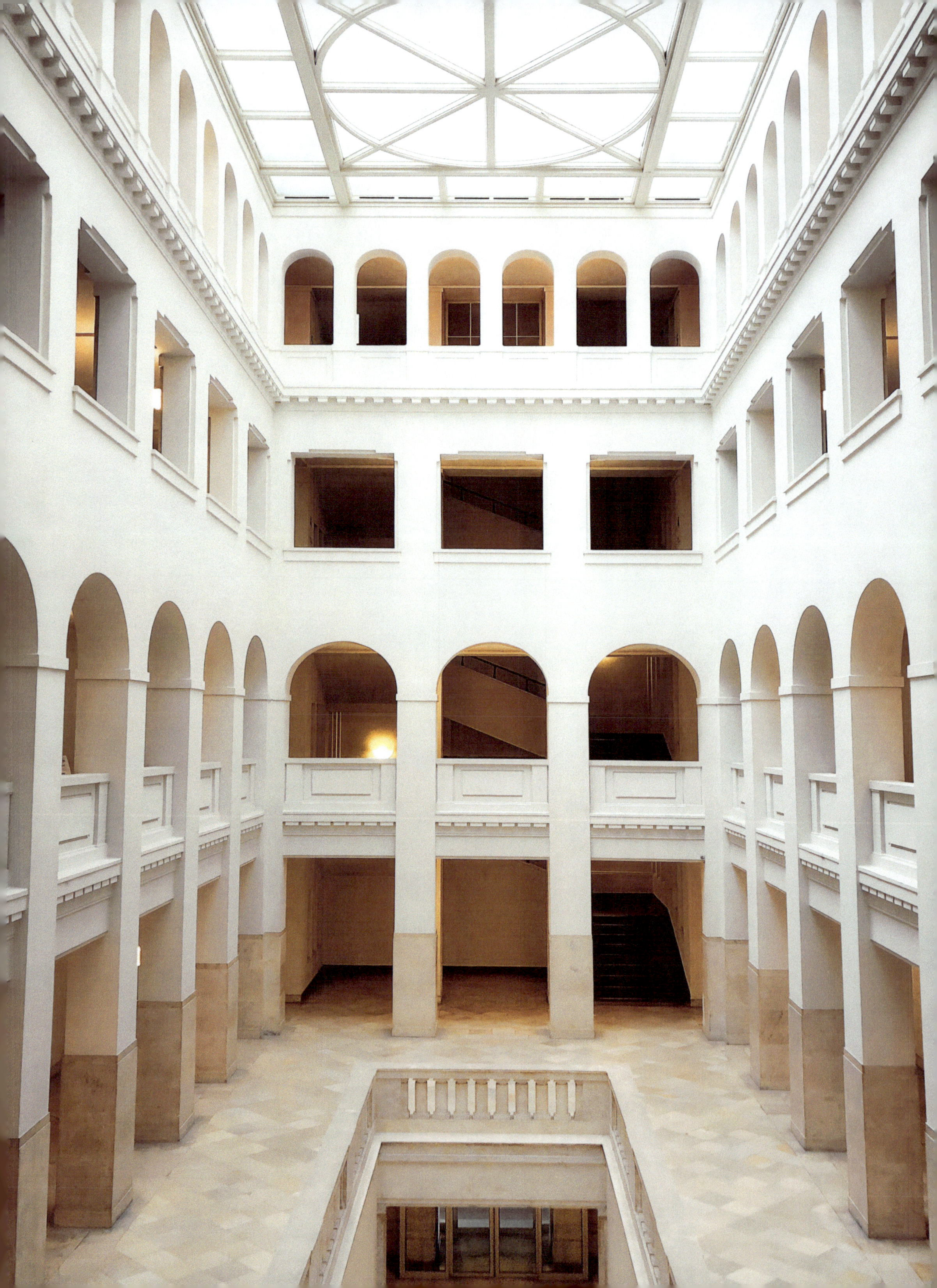

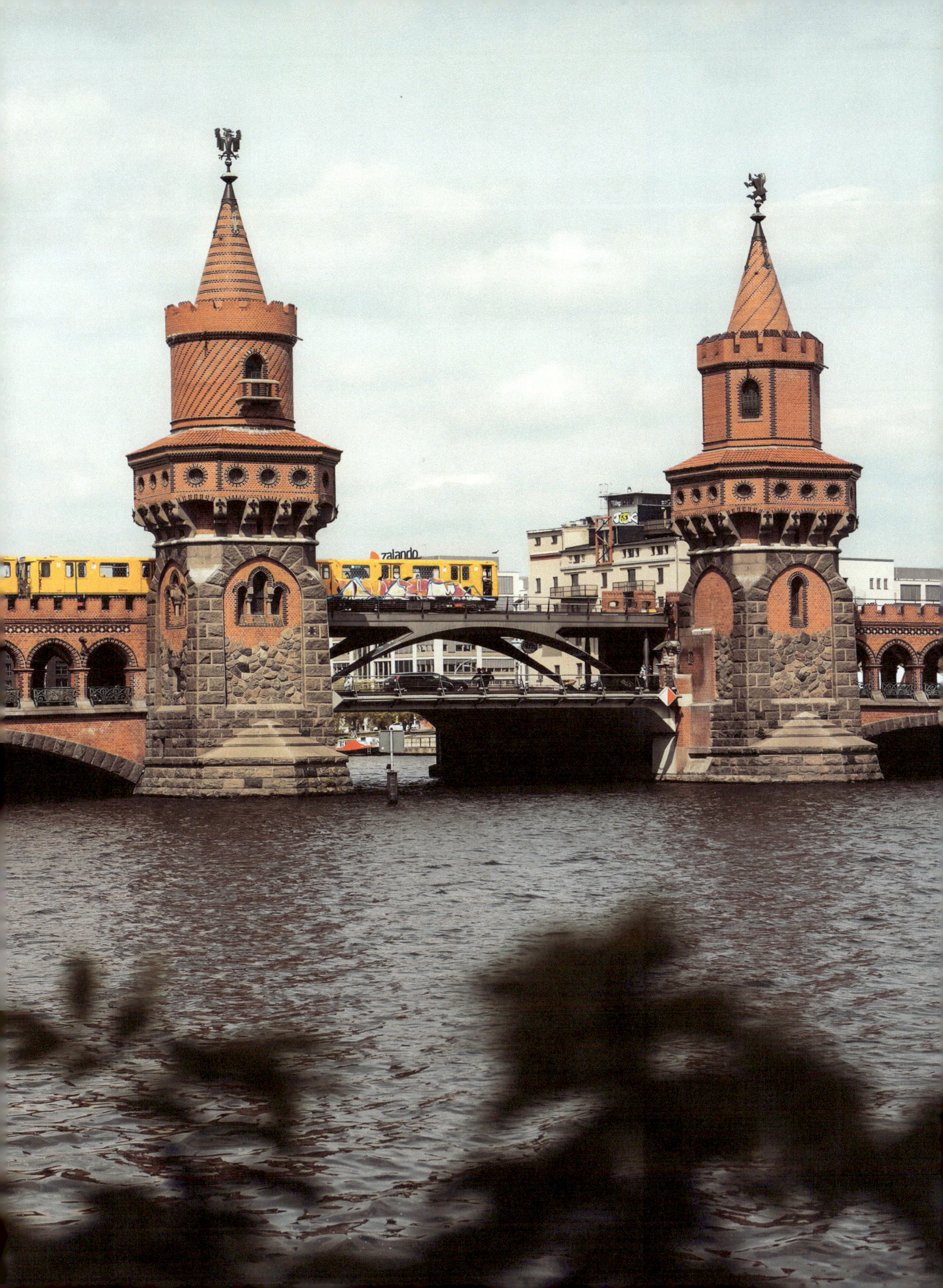
zalando

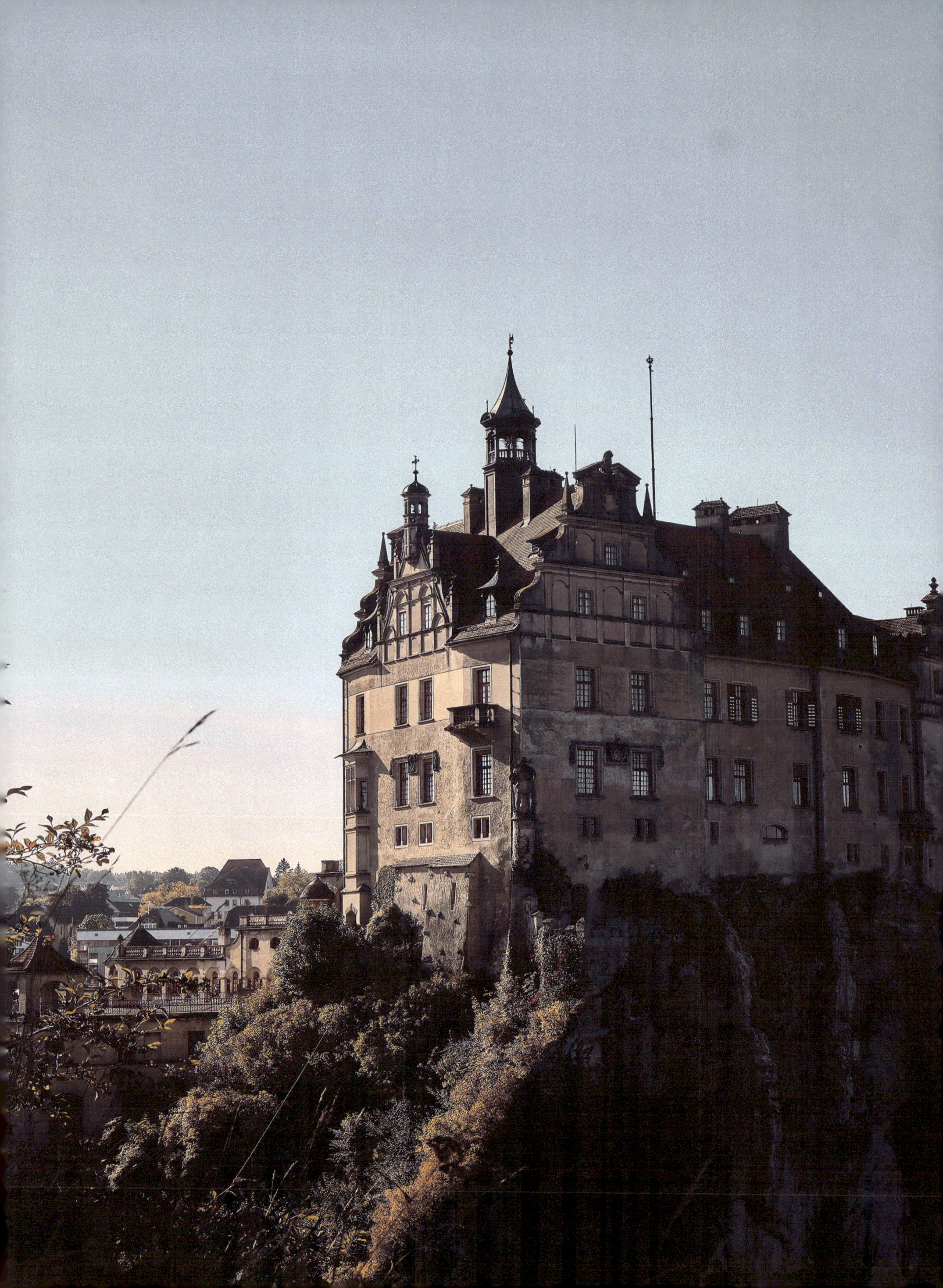

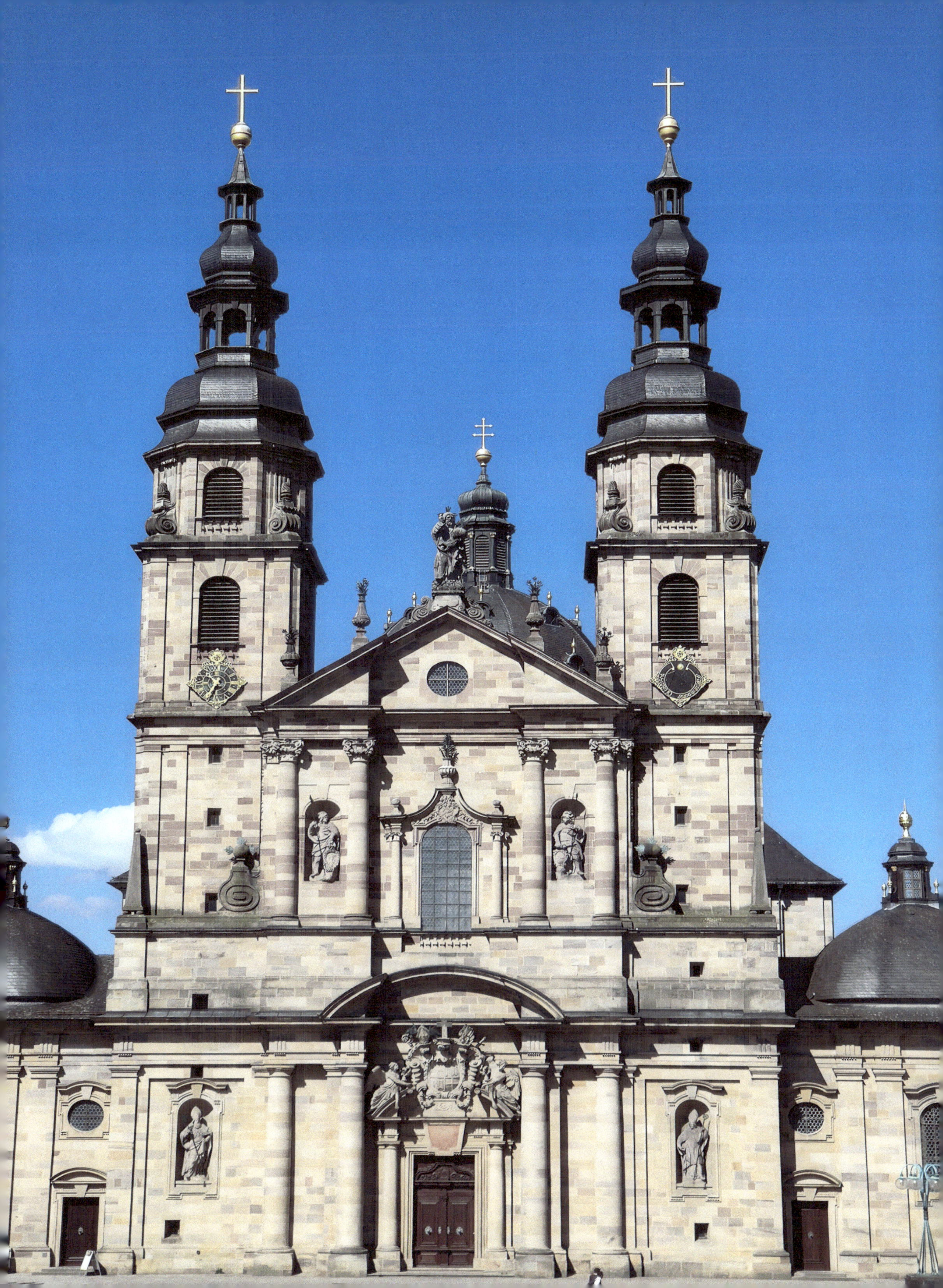

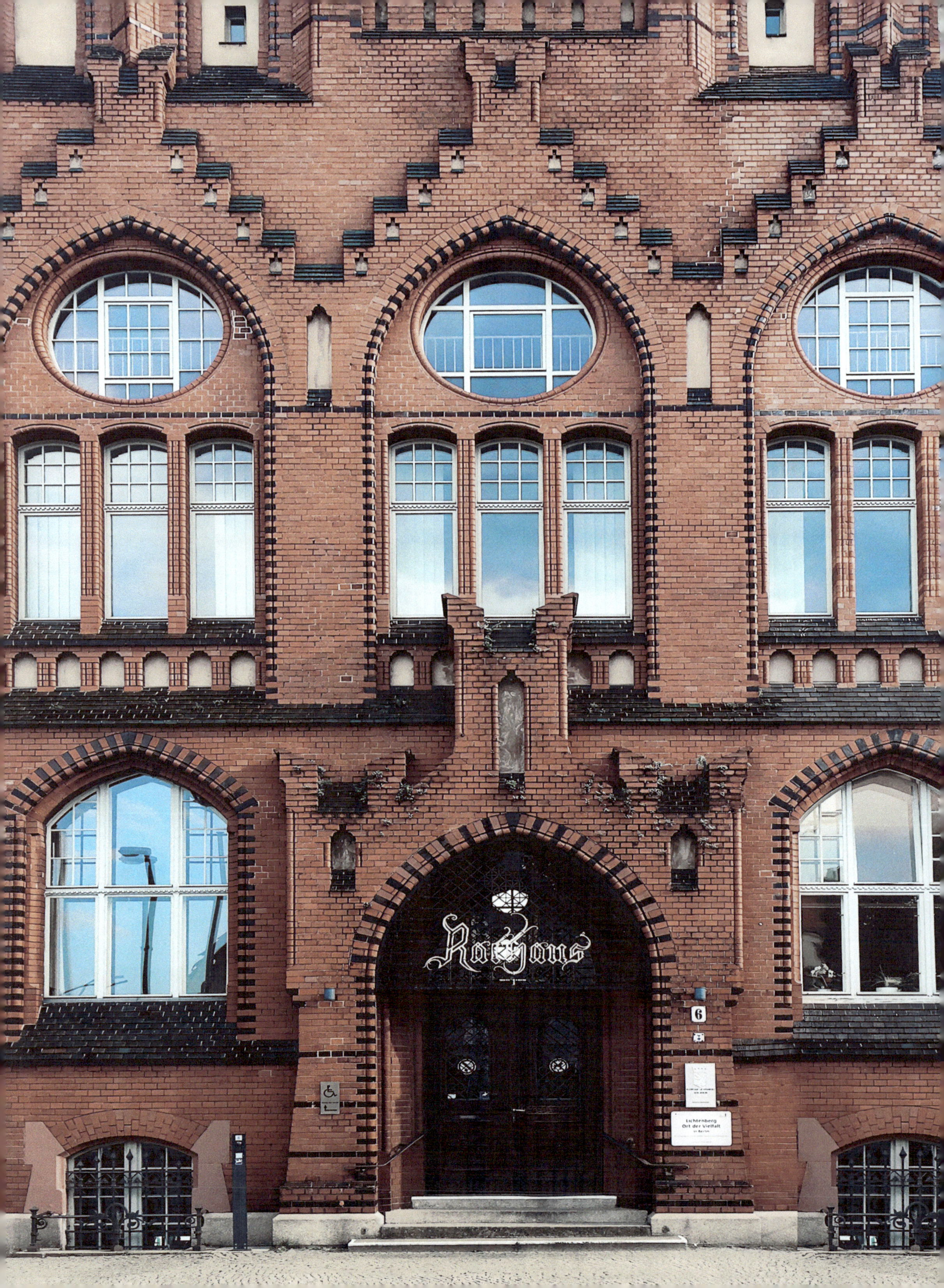
Rathaus
6
Lichtenberg
Ort der Vielfalt
in Berlin

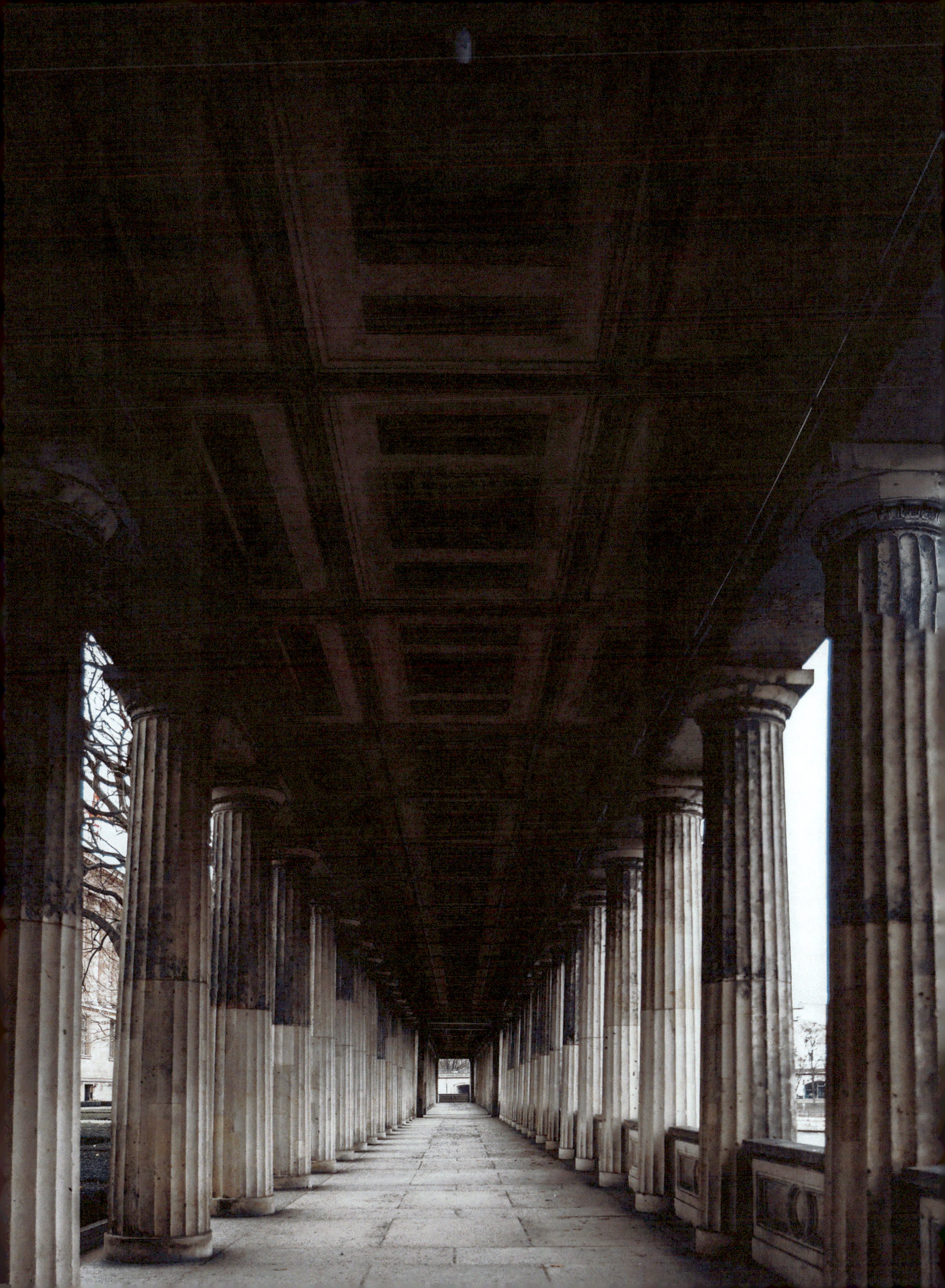

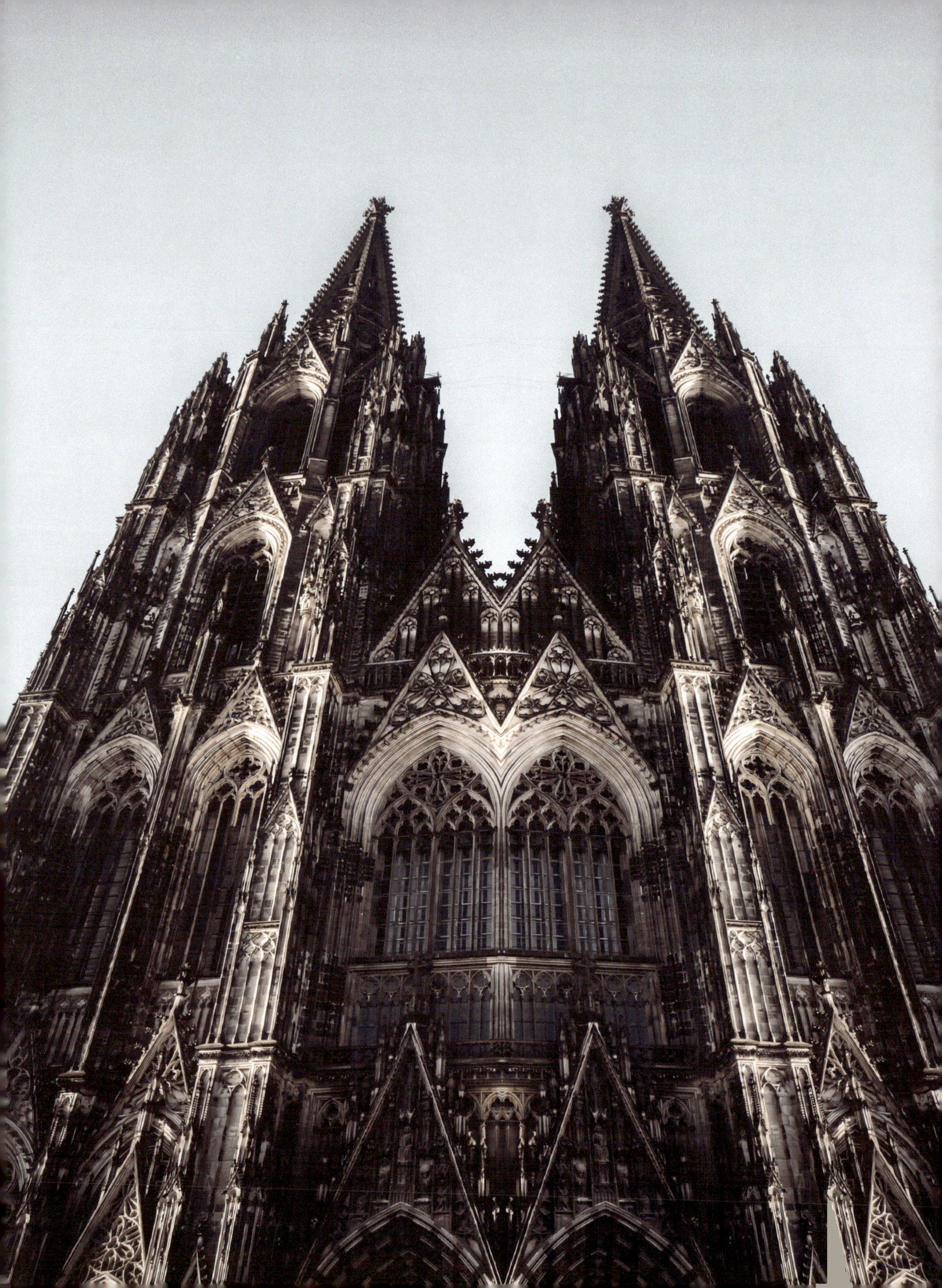

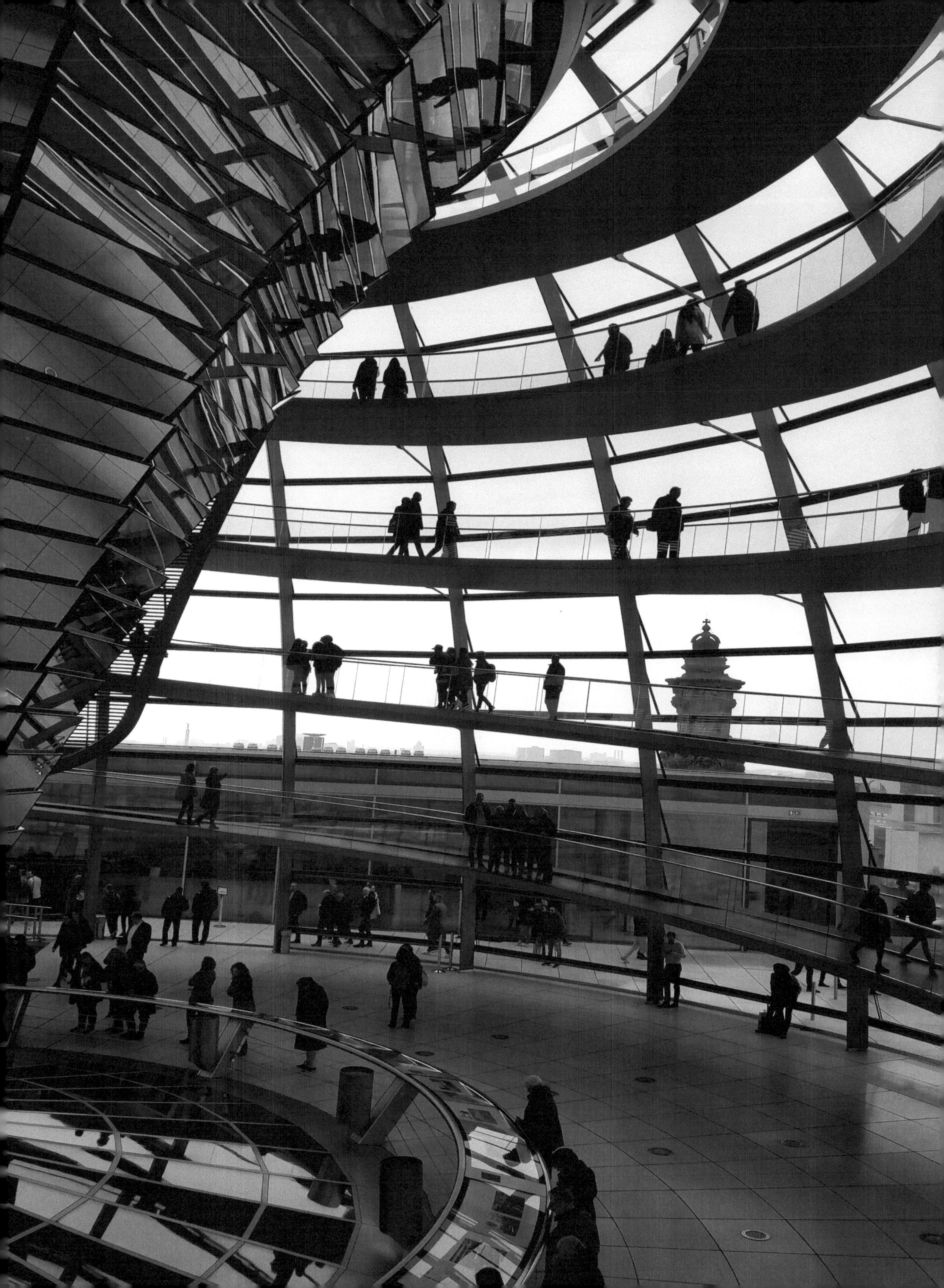

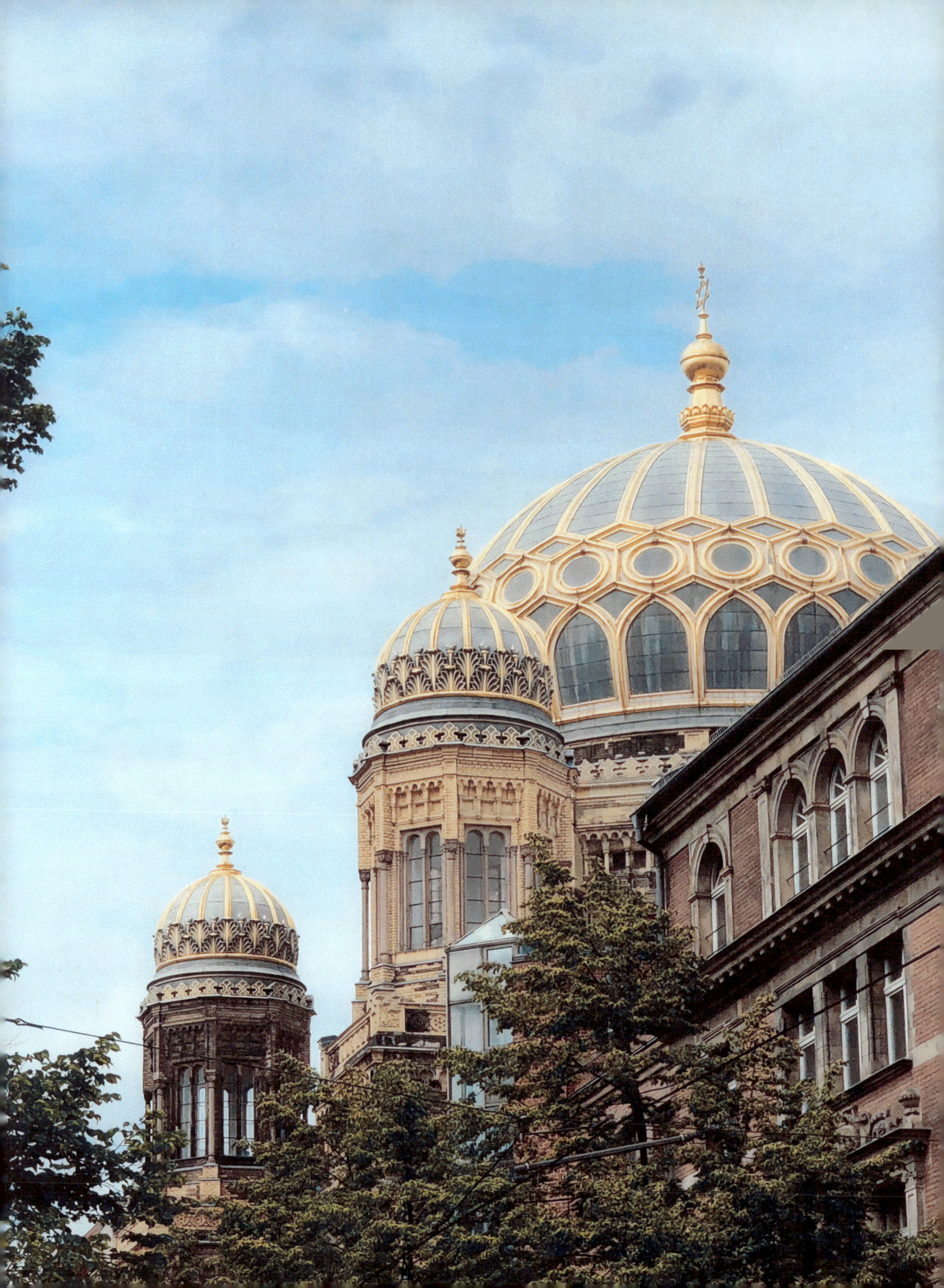

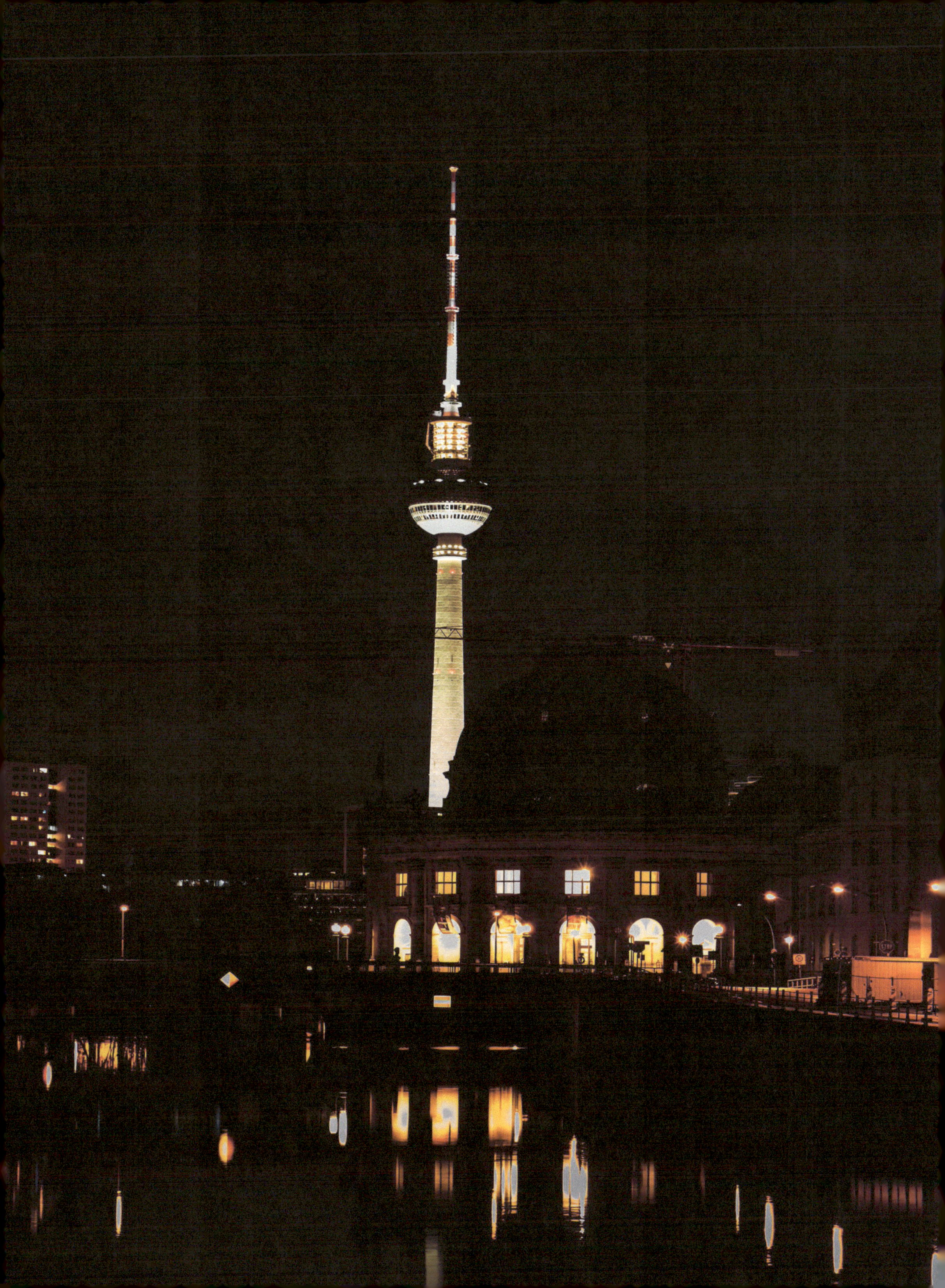

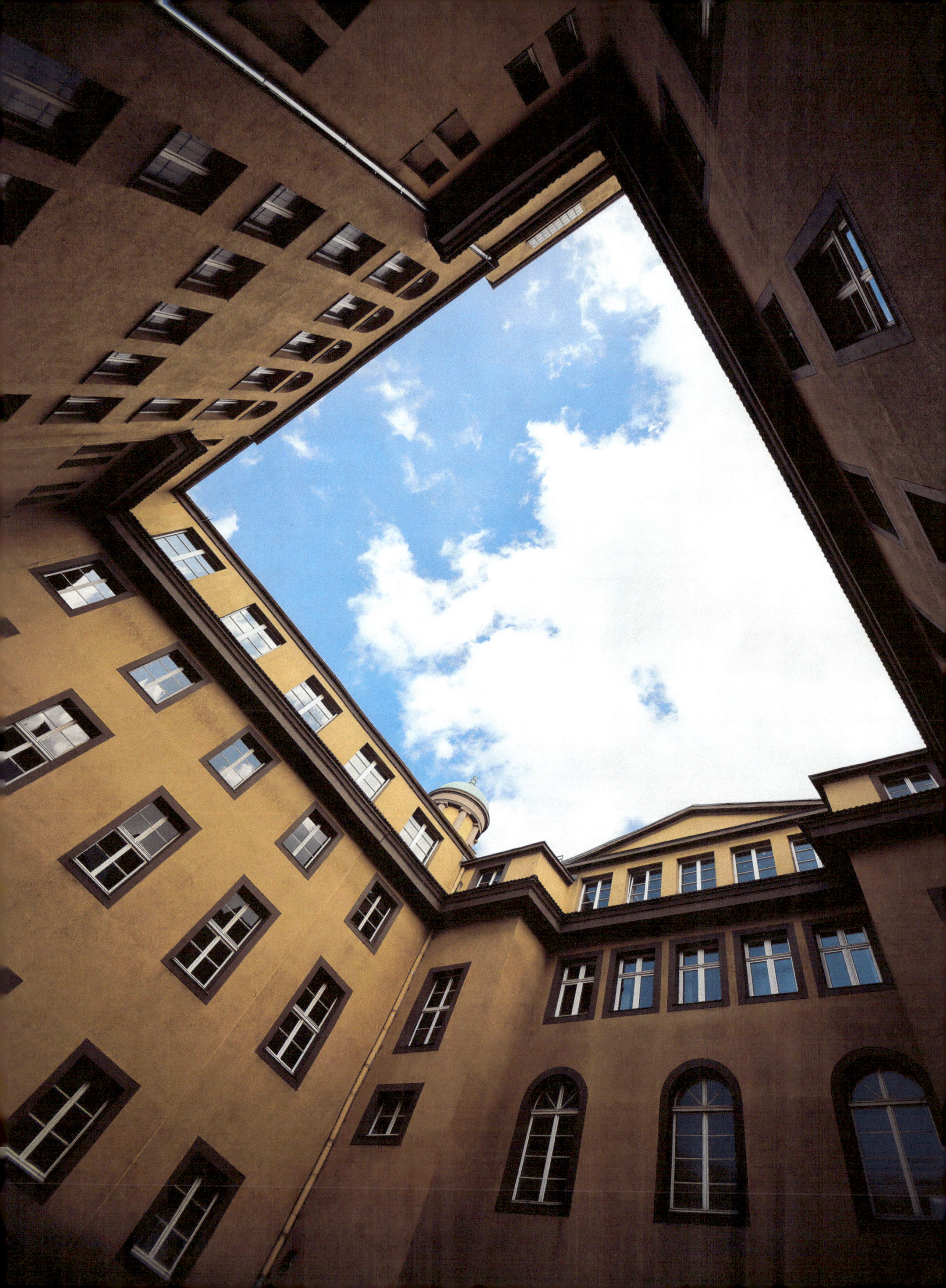

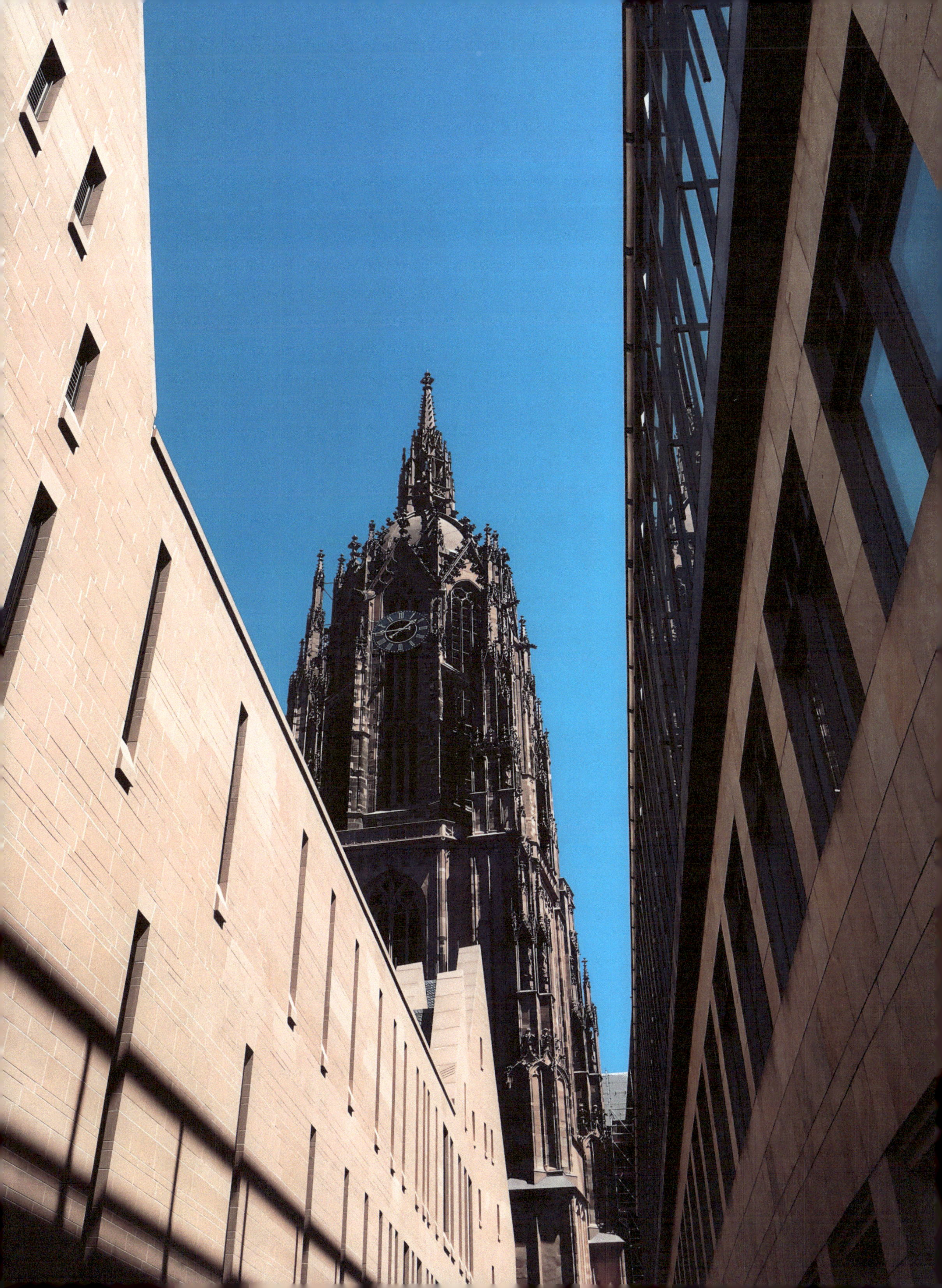

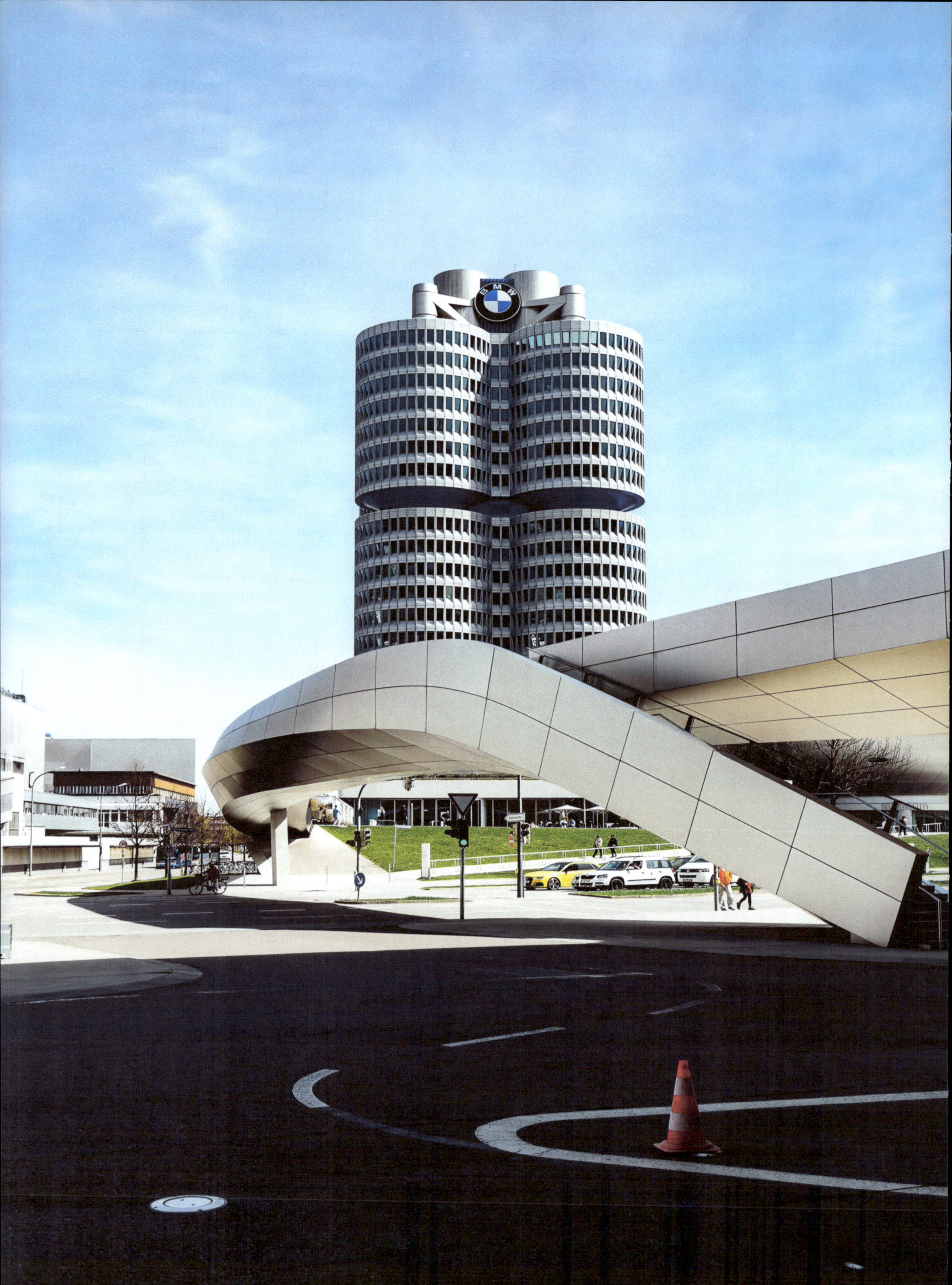
BMW

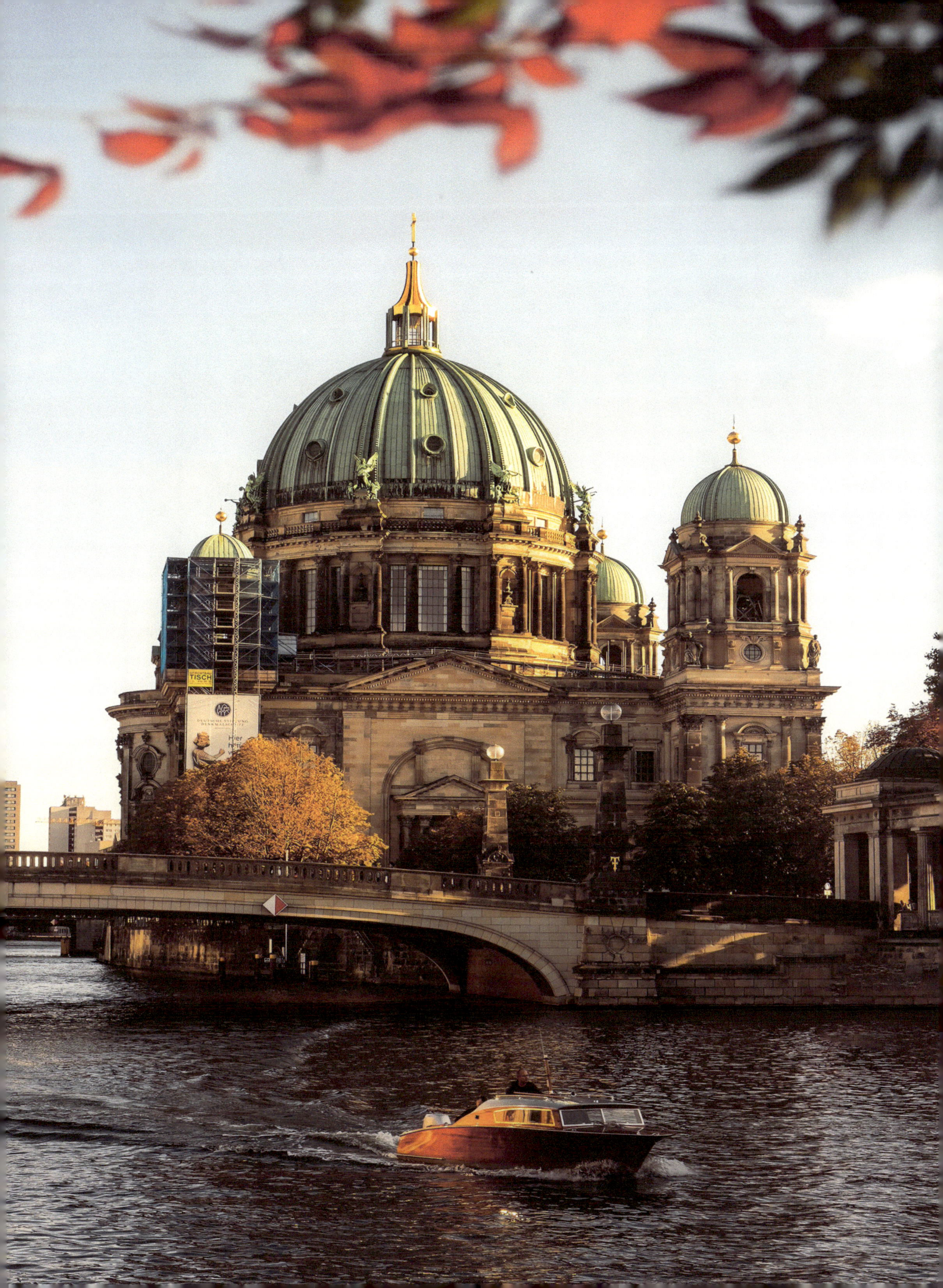
TISCH
Hier

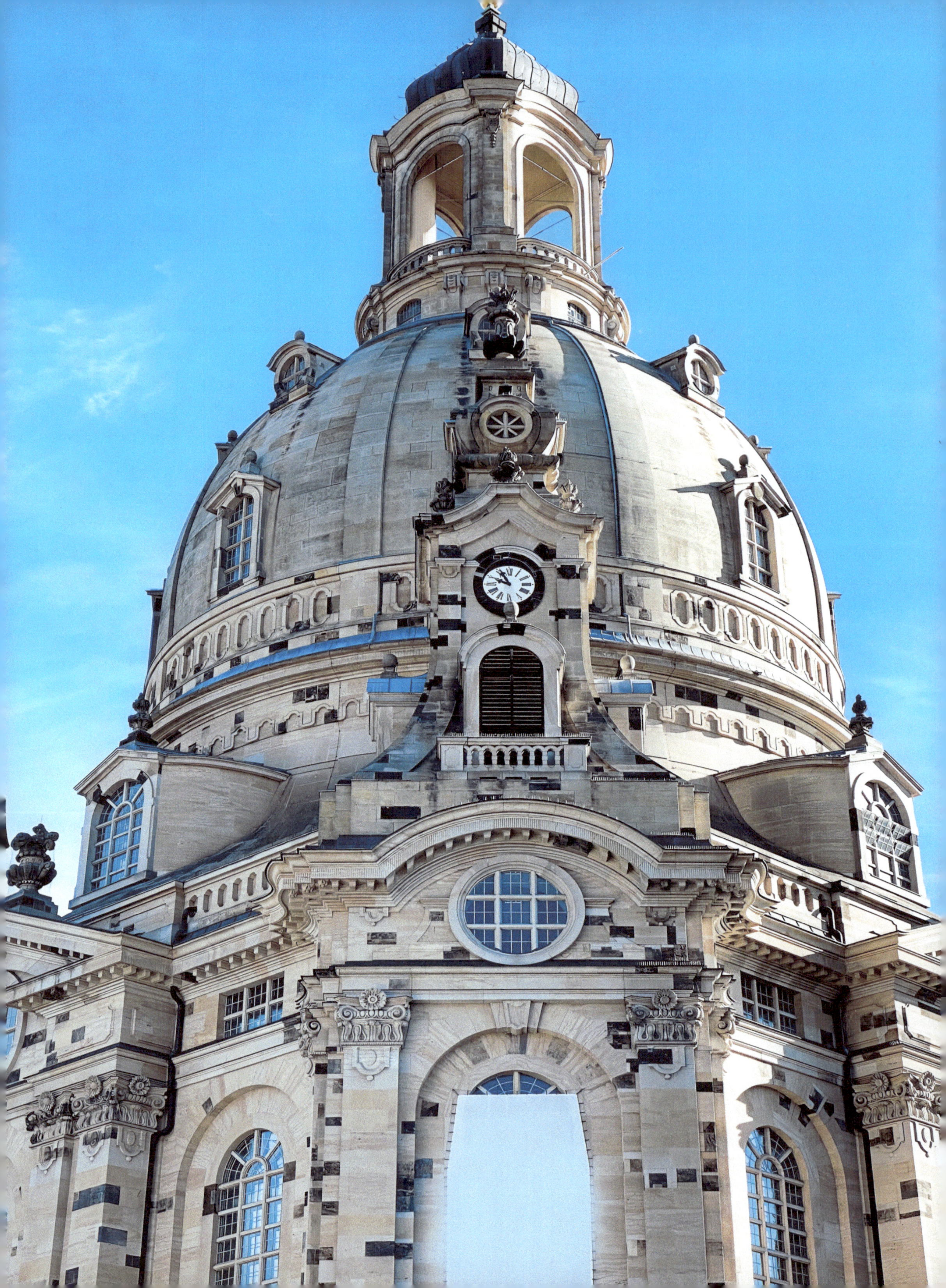

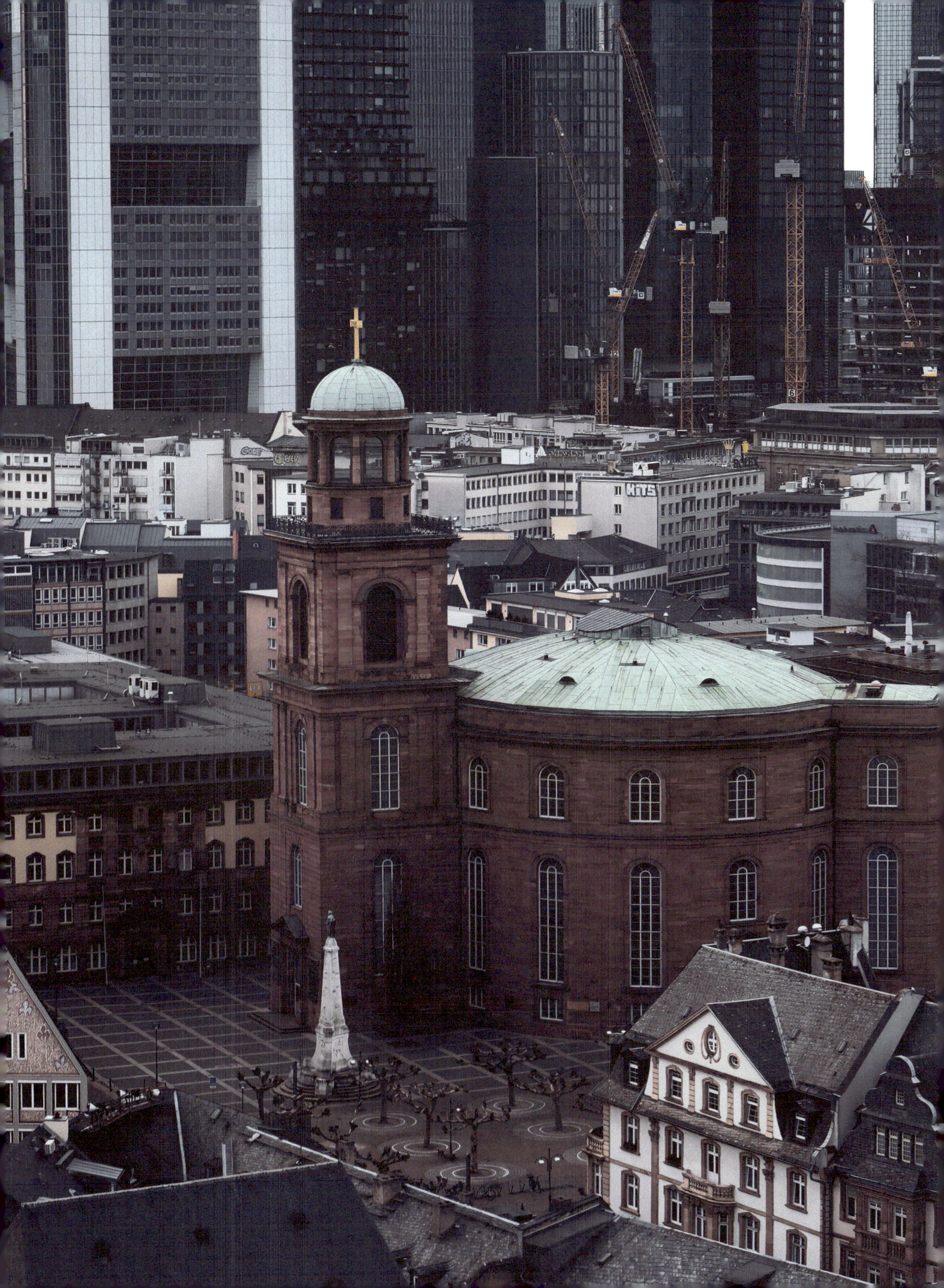
HITS

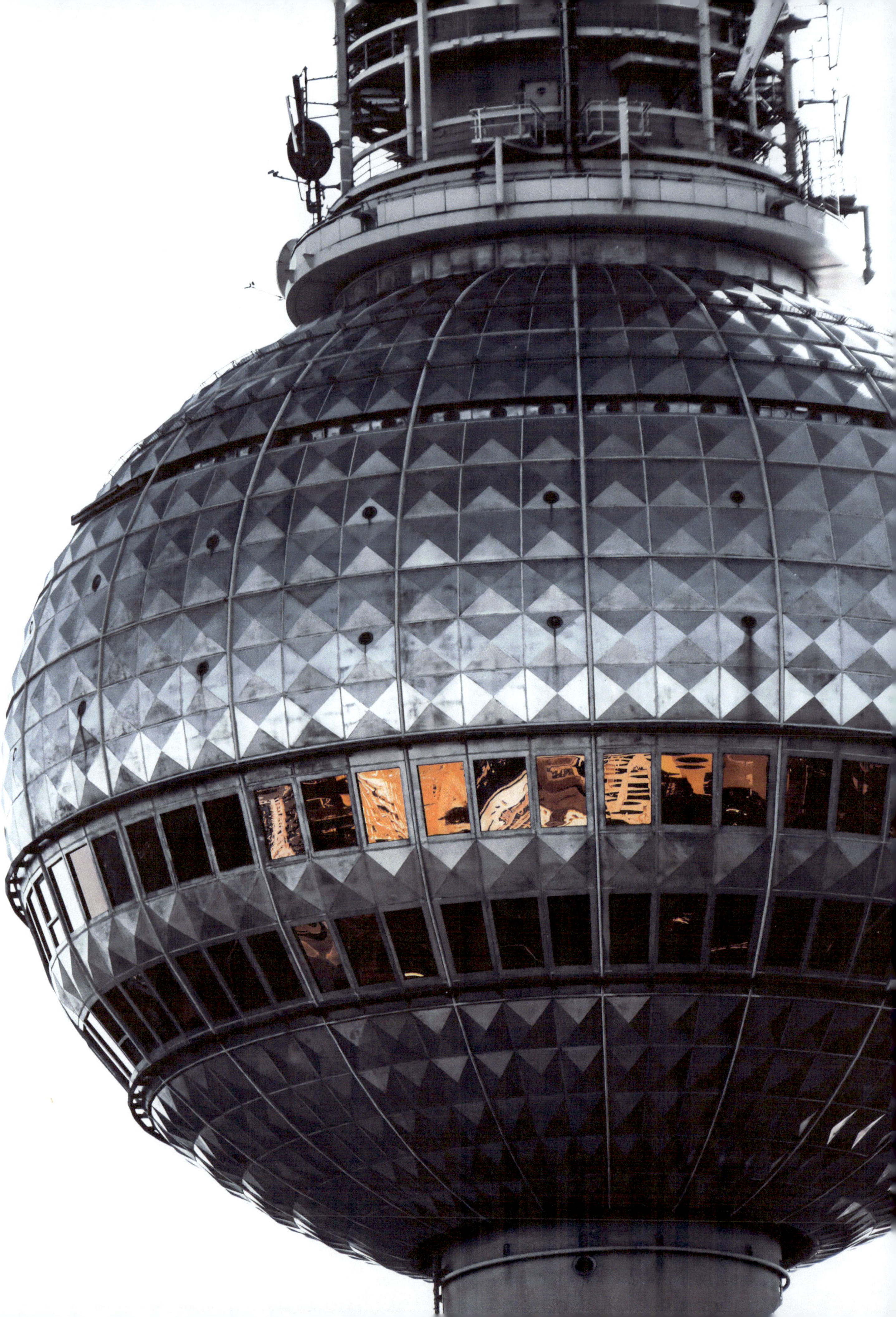

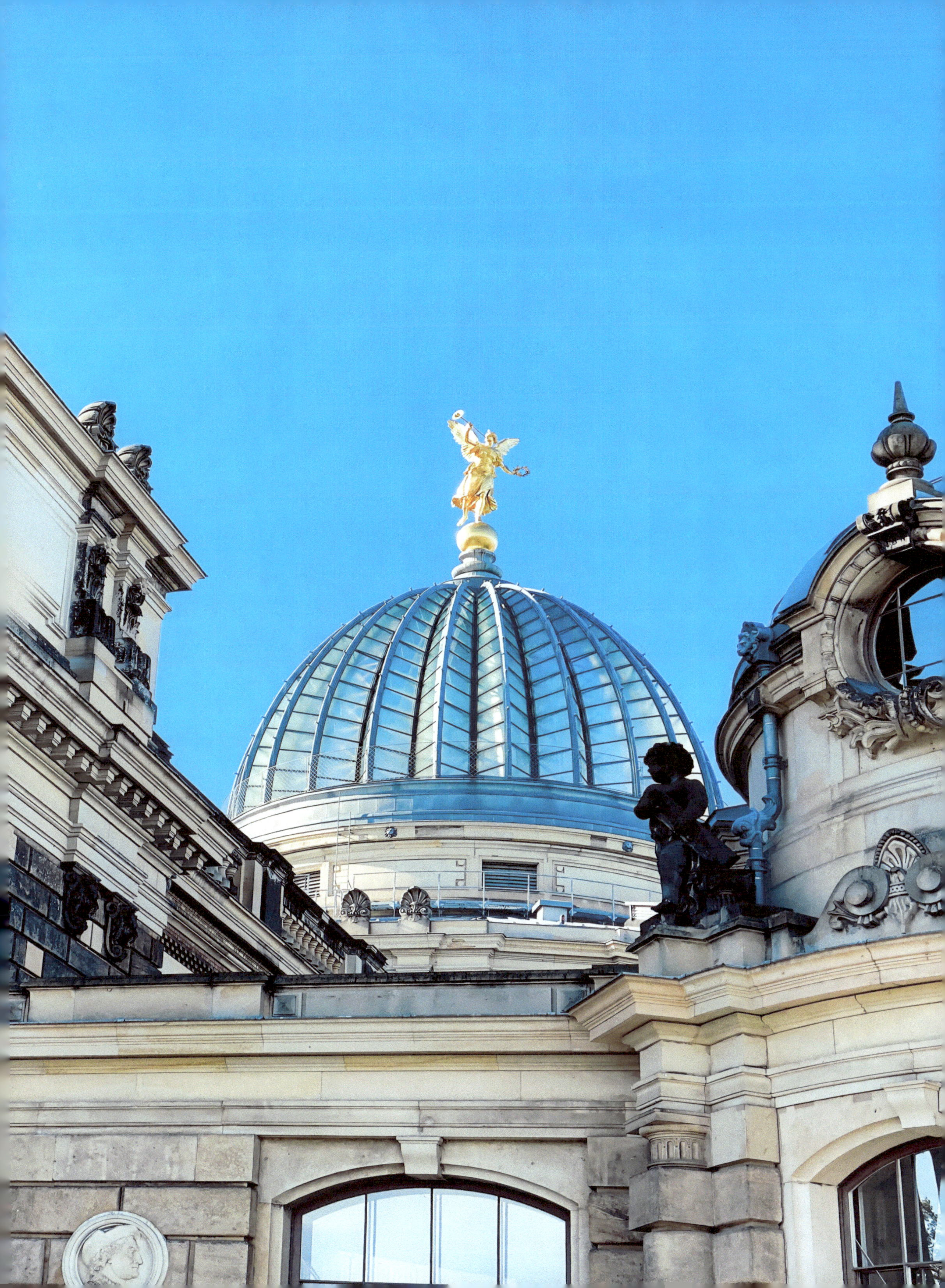

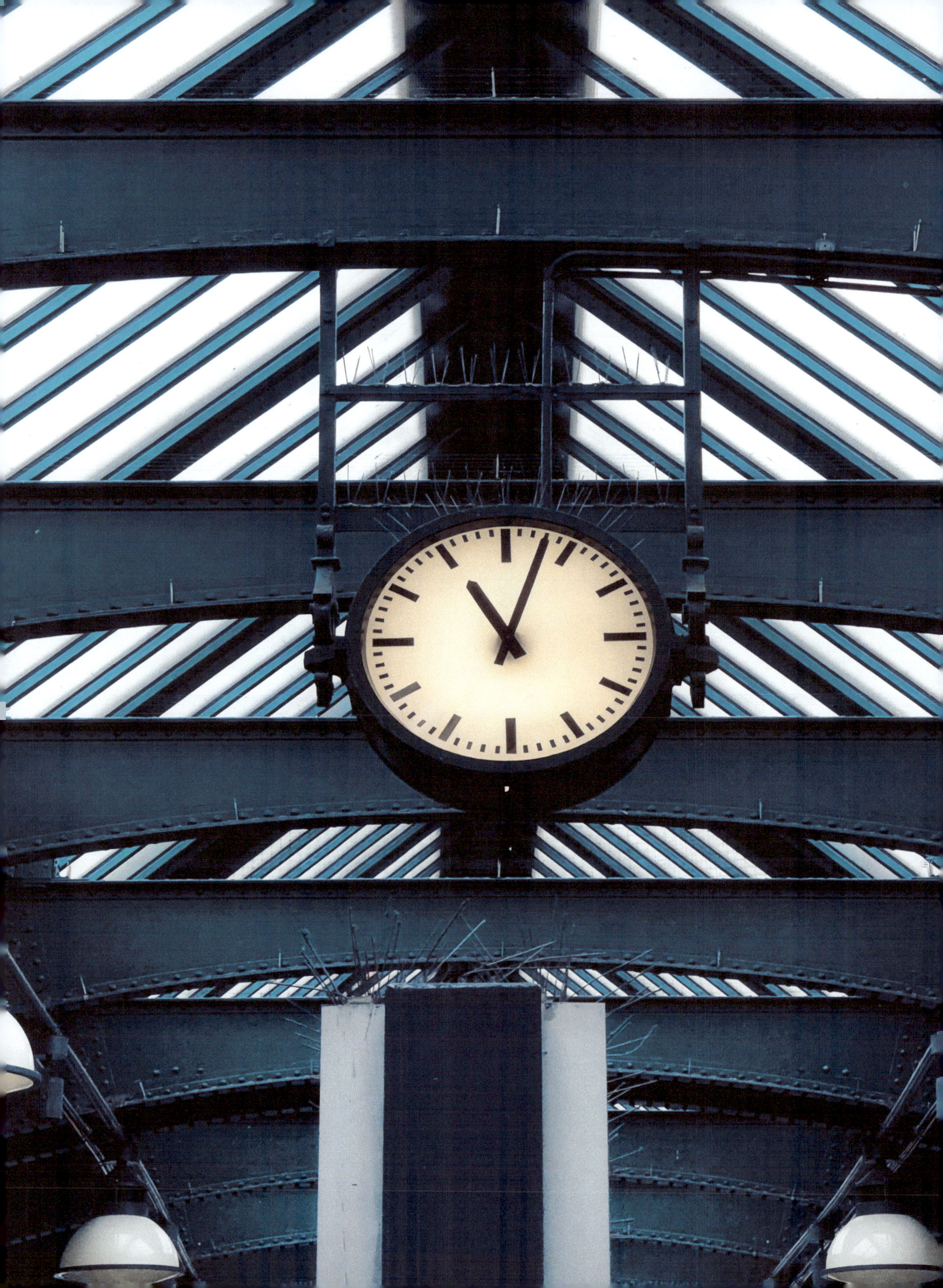

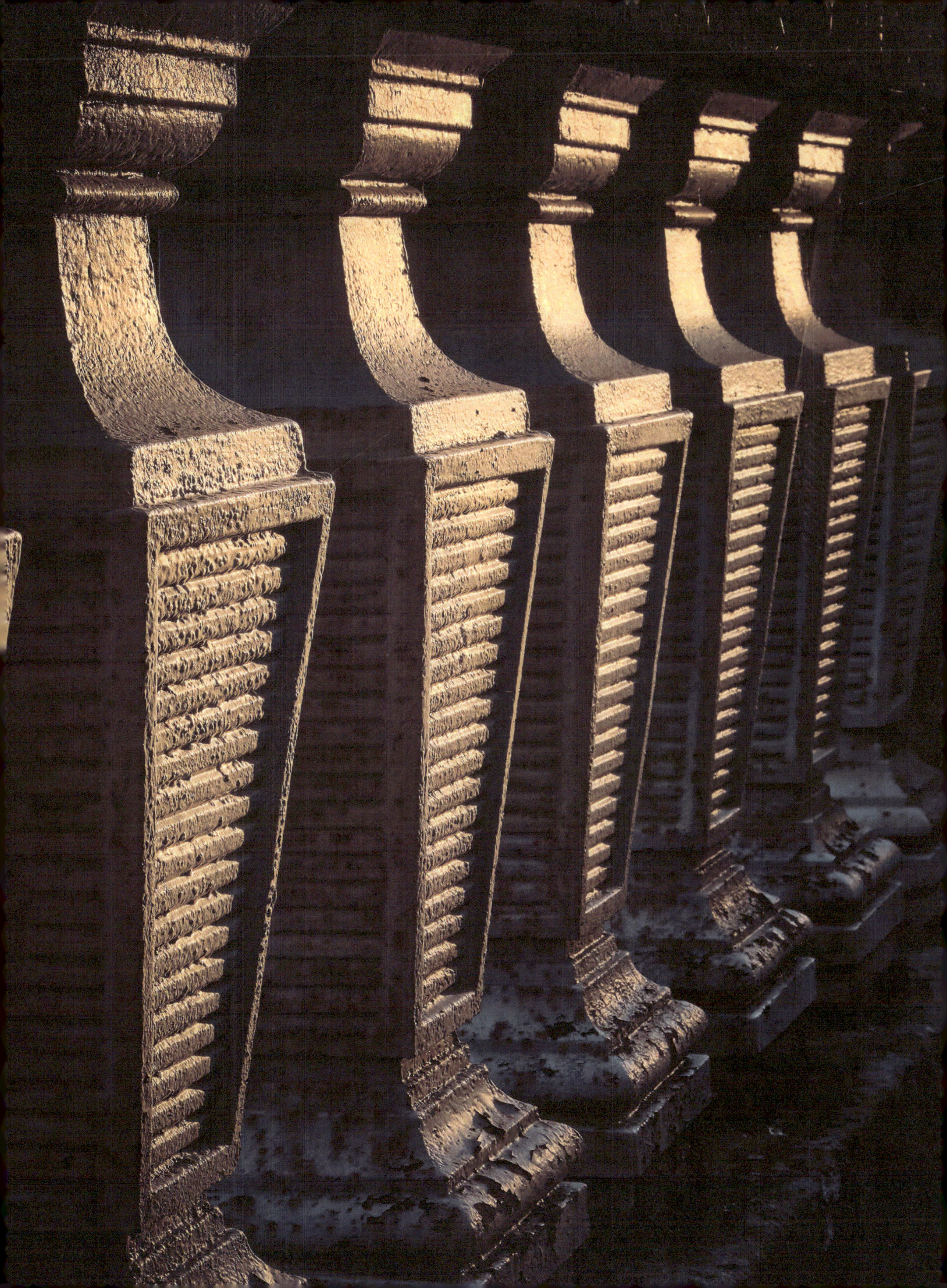

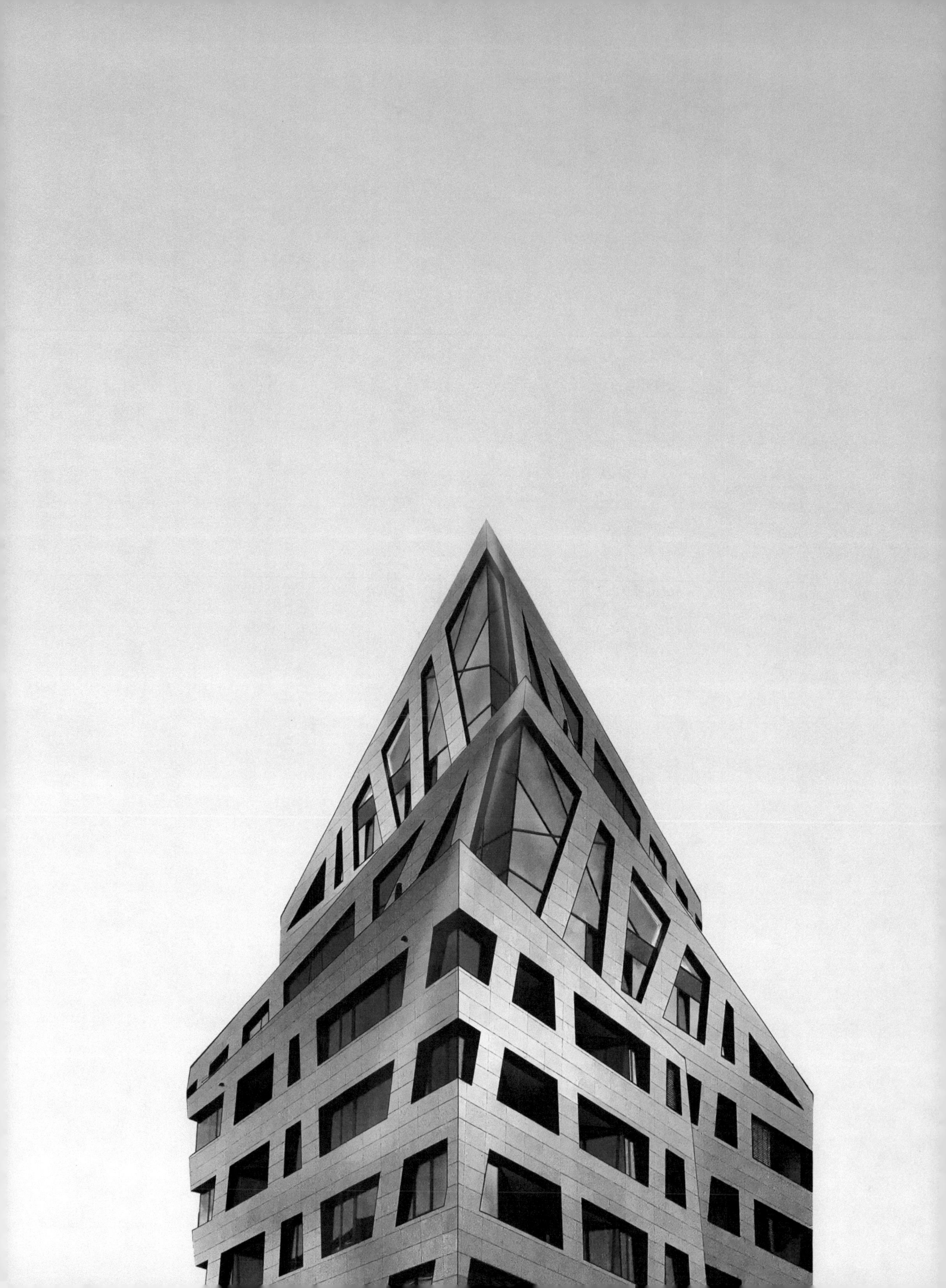

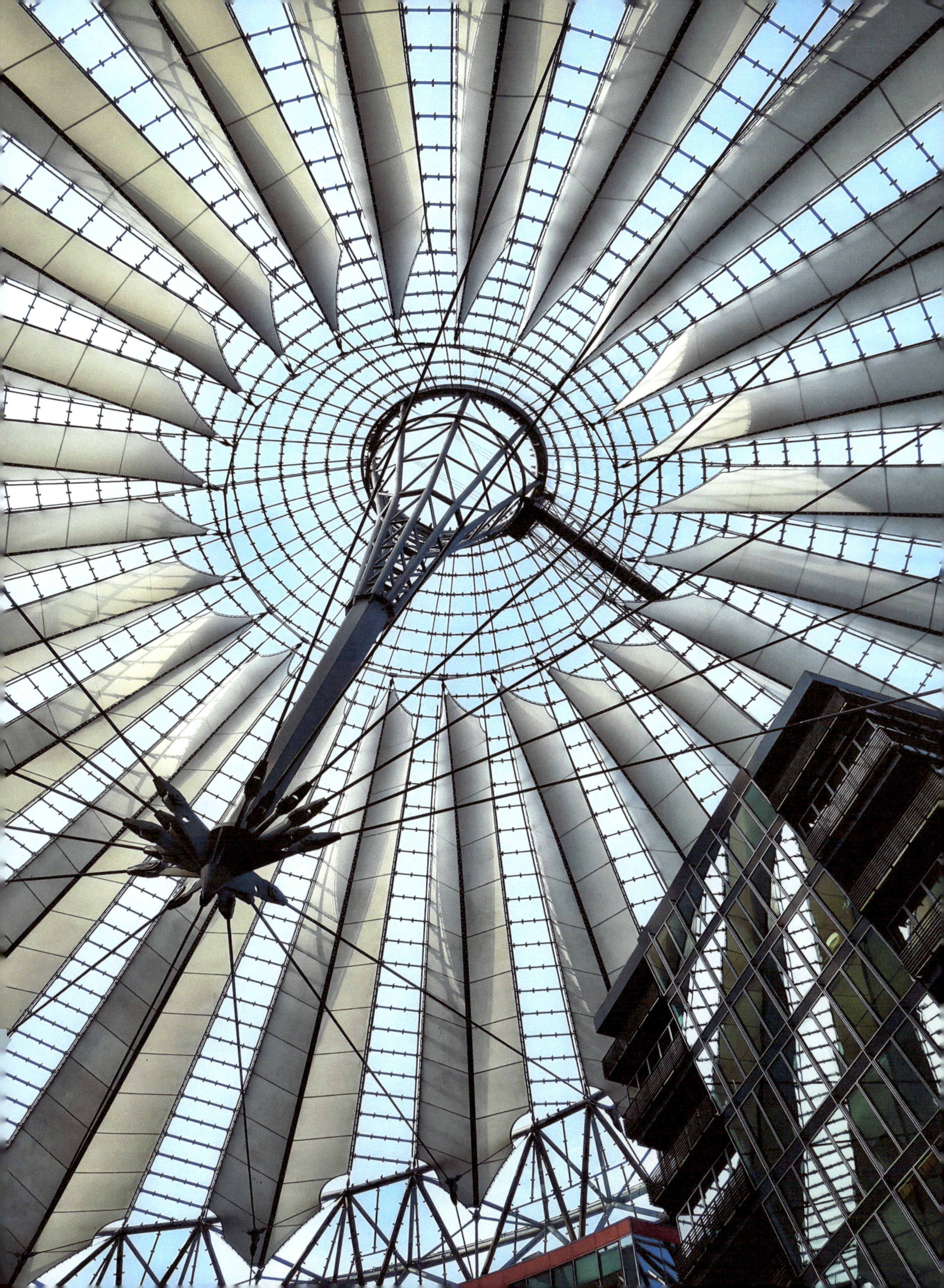

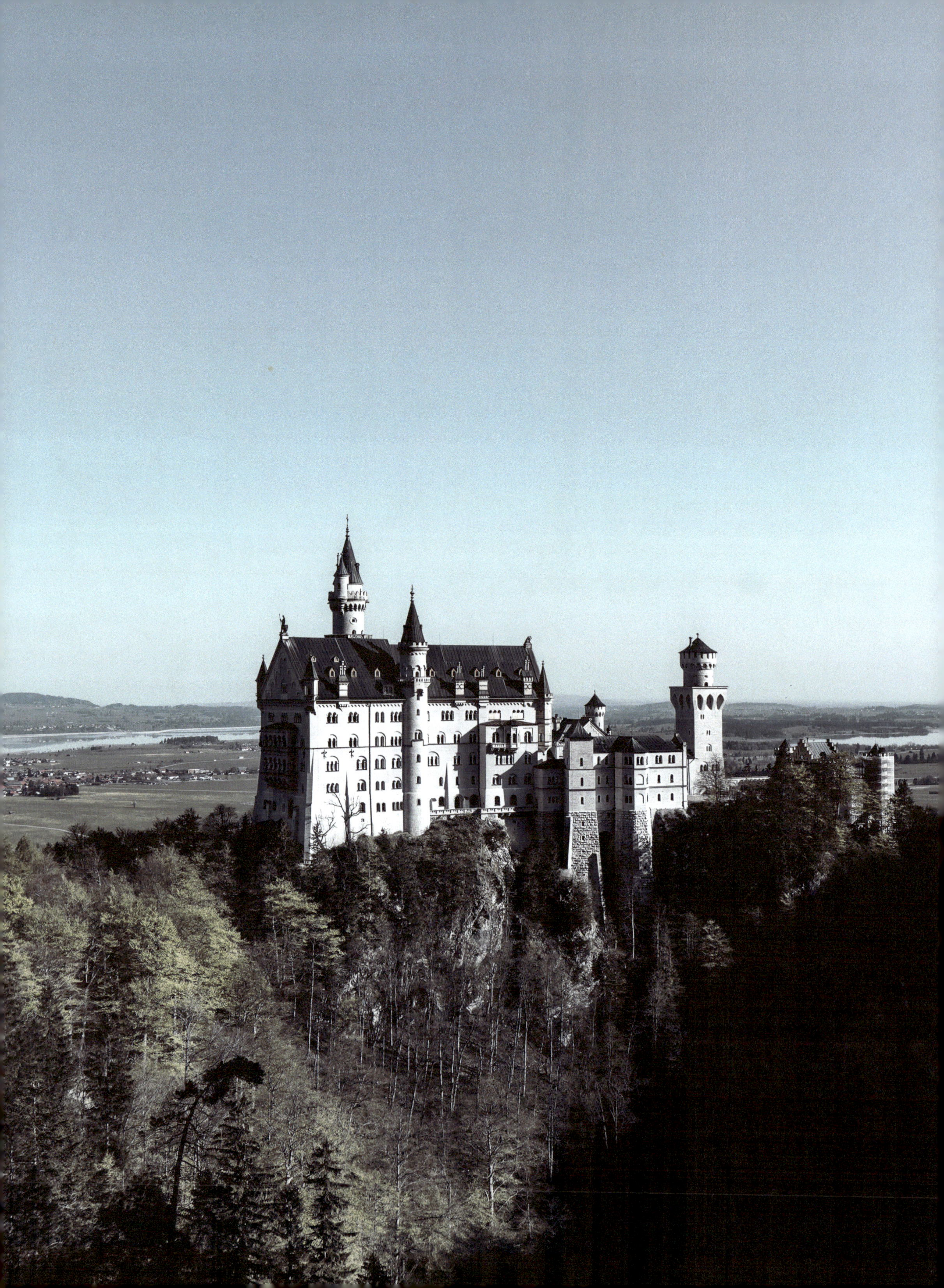

www.ingramcontent.com/pod-product-compliance
Lightning Source LLC
Chambersburg PA
CBHW051827210526
45473CB00005B/1768
* 9 7 9 8 3 0 2 7 1 9 3 5 5 *